DHAMMAPADA

A senda da virtude

"A dádiva do Darma excede todas as dádivas"

DHAMMAPADA

A senda da virtude

3ª edição

Tradução do páli em versos, Notas, Posfácio, Apêndices e Índices
Nissim Cohen
(*upāsaka* Dhammasārī)

PALAS ATHENA

Título original: *Dhammapada – A senda da virtude*

Coordenação editorial: *Emilio Moufarrige*
Revisão de provas: *Lucia Brandão Saft Moufarrige e Therezinha Siqueira Campos*
Diagramação: *Katia Regina Martinez*
Ilustração: *Tova Cohen*
Capa: *Maria do Carmo de Oliveira*
Impressão e acabamento: *Gráfica Palas Athena*

Catalogação na fonte do Departamento Nacional do Livro

T595d

Tipitaka, Suttapitaka, Khuddakanikaya.
Dhammapada : a senda da virtude / tradução do páli em versos, notas, posfácio, apêndices e índices Nissim Cohen (upāsaka Dammasārī).
3ª ed. rev. e atual. – São Paulo : Palas Athena, 2004.
332 págs. : 18 x 18cm.

ISBN 85-7242-030-4

1. Cohen, Nissim.

CDD-294.382.3

3ª edição

Direitos adquiridos para a língua portuguesa por
EDITORA PALAS ATHENA
Rua Serra de Paracaina, 240 – Cambuci
01522-020 – São Paulo – SP – Brasil
fone: (11) 3209-6288 – fax: (11) 3277-8137
www.palasathena.org editora@palasathena.org

2004

PREFÁCIO À 2ª EDIÇÃO

Passou-se uma década e meia desde o lançamento da primeira edição do Dhammapada pela Editora Palas Athena, e bom número de anos em que ele ficou inacessível aos interessados, por estar esgotado. Agora, em boa hora, a Editora decidiu lançar uma segunda edição deste texto popular. A presente edição contém inúmeros melhoramentos, dentre os quais destacamos:

O original em páli é baseado nas últimas pesquisas de especialistas no ramo, com o que se produziu um texto que está mais correto e próximo do antigo. Isto se refletiu na tradução de alguns versículos; outras estrofes sofreram mudanças como resultado das próprias pesquisas do tradutor. Acrescentaram-se notas e verbetes no Glossário (alguns por sugestão da equipe de editoração) para melhorar e aclarar o sentido de algumas estrofes. Foram corrigidos uns poucos erros que se infiltraram no Apêndice I da primeira edição. Os Apêndices II e III sofreram algumas mudanças, refletindo pesquisas originais do tradutor que foram publicadas no exterior. Finalmente, o Apêndice IV foi suprimido, por ser agora desnecessário.

Desejo expressar aqui meus agradecimentos à equipe de editoração da Palas Athena, pelo seu trabalho minucioso, abnegado e dedicado, e pelas boas sugestões apresentadas que vieram melhorar o texto, e por corrigir alguns deslizes do tradutor (que vergonha!).

Esperamos que o leitor perceba e aprecie o resultado final da obra.

Nissim Cohen

ÍNDICE

O alfabeto páli. Pronúncia das letras.

Texto e Tradução

I. Versos Gêmeos (*Yamakavagga*) ... 17
II. Da Diligência (*Appamādavagga*) ... 27
III. Do Coração (*Cittavagga*) ... 33
IV. Das Flores (*Pupphavagga*) ... 39
V. Do Tolo (*Bālavagga*) ... 47
VI. Do Sábio (*Paṇḍitavagga*) ... 55
VII. Do Consumado (*Arahantavagga*) ... 61
VIII. Do Milhar (*Sahassavagga*) ... 67
IX. Do Mal (*Pāpavagga*) ... 75
X. Da Vara (*Daṇḍavagga*) ... 81
XI. Da Velhice (*Jarāvagga*) ... 89
XII. Do Eu (*Attavagga*) ... 95
XIII. Do Mundo (*Lokavagga*) ... 101
XIV. Do Buda (*Buddhavagga*) ... 107
XV. Da Felicidade (*Sukhavagga*) ... 115
XVI. Do (que é) Querido (*Piyavagga*) ... 121
XVII. Da Cólera (*Kodhavagga*) ... 127
XVIII. Da Impureza (*Malavagga*) ... 133
XIX. Do Justo (*Dhammaṭṭhavagga*) ... 143
XX. Do Caminho (*Maggavagga*) ... 151

XXI. Miscelânea (*Pakiṇṇakavagga*) 159
XXII. Do Estado de Infortúnio (*Nirayavagga*) 167
XXIII. Do Elefante (*Nāgavagga*) 175
XXIV. Do Anelo (*Taṇhāvagga*) 181
XXV. Do Bikshu (*Bhikkhuvagga*) 195
XXVI. Do Brâmane (*Brāhmaṇavagga*) 207
Notas 227
Glossário 241
Posfácio
I. Dhammapada. Sua origem. Suas versões 258
II. A problemática da tradução. A língua páli 270
Da tradução atual 273
III. Em conclusão: Uma indagação e uma resposta 276
Apêndices
I. Histórias do *Comentários ao Dhammapada (Dhammapadaaṭṭhakathā)*
1. Kisā Gotamī 280
2. Kokālika (A Tartaruga Linguaruda) 286
3. Sirimā 289
4. O Pescador Ariya 294
II. A metrificação páli e o *Dhammapada* 296
III. Origem e paralelos das estrofes do *Dhammapada* 308
Índice de Tópicos e Índice Páli
Índice de Tópicos 312
Índice Páli 320

O ALFABETO PÁLI
PRONÚNCIA DAS LETRAS

A. O ALFABETO (na ordem alfabética)

São 41 as letras: 8 vogais e 33 consoantes.

1. Vogais: *a, ā, i, ī, u, ū, e, o*
2. Consoantes: Guturais (ou Velares): *k, kh, g, gh, ṅ*
   Palatais: *c, ch, j, jh, ñ*
   Retroflexas (ou Cerebrais): *ṭ, ṭh, ḍ, ḍh, ṇ*
   Dentais: *t, th, d, dh, n*
   Labiais: *p, ph, b, bh, m*
   Semivogais: *y, v, r, l, ḷ, ḷh*
   Sibilante: *s*
   Aspirada: *h*
   Nasal: *ṃ*

Notas: 1. As vogais *a*, *i*, *u* são breves; quando seguidas de duas consoantes ou *ṃ* elas se tornam longas. As restantes vogais são longas.

2. As vogais *e*, *o*, quando seguidas de duas consoantes, tornam-se breves. Às vezes, quando em sílabas abertas, elas devem ser escandidas em poesia como breves *metri causa*.

B. A PRONÚNCIA

a	como	a	em	c**a**ma (***a**ga*)
ā	"	á	"	**á**lamo (***ā**gama*)
i	"	i	"	l**i**vro (***i**to*)
ī	"	í	"	s**í**rio (***ī**ti*)
u	"	u	"	**u**va (***u**ju*)
ū	"	ú	"	**ú**nico (***ū**na*)
e	"	e	"	g**e**ma (***e**ka*)

Se seguida de duas consoantes, ela deve ser pronunciada como fonema breve: d**e**do (*ettha*, *seyyo*). É longa antes de consoante singular: *evaṃ*, *seti*. Como vogal final de uma palavra, é também pronunciada como longa: *me*, *nagare*, etc.

o	como	o	em	m**ó**bil, **on**ça (***o**ja*)

Se seguida de duas consoantes, ela deve ser pronunciada como fonema breve: síri**o**, n**o**me (*oṭṭha*, *sotthi*). É longa antes de consoante singular: *odana*, *sota*. O "o" final de uma palavra é também longo: *so*, *buddho*, etc.

k	como	c	em	**c**ada (***k**ala*)
g	"	g	"	**g**ato (***g**acchati*)
ṅ	"	ng	"	ma**ng**a (*sa**ṅ**gha*)
c	"	tch	"	t**ch**au (***c**arati*)
j	"	dj	"	**Dj**alma (***j**ana*)
ñ	"	nh	"	ma**nh**ã (***ñ**āti*)
y	"	i	"	ma**i**o (em ditongo) (*pi**y**a*)

h é sempre aspirada fortemente: "house" em inglês. Ela é sempre pronunciada, mesmo em posições imediatamente seguidas de consoante ou consoante dupla: *bh* como em "ca***b-h***orse" em inglês; *ch* como *chh* em "ran**ch-h**ouse"; *dh* como em "han**dh**old"; *gh* como em "ba***g-h***andle"; *jh* como *dgh* em "sle**dge-h**ammer".

ṃ letra nasal; aproximadamente igual ao *ṅ*. Sua posição é, na maioria dos casos, no fim das palavras; quando a palavra seguinte se inicia por uma vogal, a letra perde sua pontuação.

t, d, n, p, b, m, r, l, v, s são pronunciadas como em português. O "s" nunca é pronunciado como "z".

ṭ, ṭh, ḍ, ḍh, ṇ, ḷ pronunciam-se apoiando a ponta da língua na abóbada do palato, próximo dos incisivos superiores, razão pela qual elas são chamadas de cerebrais ou retroflexas.

kh, gh, ch, jh, ṭh, th, ḍh, dh, ph, bh pronunciam-se com duplo som, como "do***g-h***ouse", "an***t-h***ill", etc., em inglês. O *ch* é uma "c" aspirada, como "chur***ch-h***all".

Notas: 1. As consoantes duplas pronunciam-se também distintamente: *magga* = *mag* + *ga*; *buddha* = *bud* + *dha*.

2. Cada som deverá ser apropriada e claramente prolatado. Sílabas longas e breves deverão ser mantidas em separado, o que equivale a dizer que vogais longas serão emitidas longas, e consoante dupla, como distintamente dupla.

TEXTO* E TRADUÇÃO

* Versão páli calcada em pesquisas realizadas pelo tradutor, com base em várias edições oficiais publicadas pela Pali Text Society, pelo Conselho Sínode de Myanma (antiga Birmânia) e por universidades na Tailândia.

NAMO TASSA BHAGAVATO ARAHATO
SAMMĀSAMBUDDHASSA

HOMENAGEM A ELE, AO AFORTUNADO, AO CONSUMADO,
AO PERFEITAMENTE ILUMINADO

I. YAMAKAVAGGA

1. *manopubbaṅgamā dhammā*
manoseṭṭhā manomayā,
manasā ce paduṭṭhena
bhāsati vā karoti vā
tato naṃ dukkhamanveti
cakkaṃ va vahato padaṃ.

2. *manopubbaṅgamā dhammā*
manoseṭṭhā manomayā,
manasā ce pasannena
bhāsati vā karoti vā
tato naṃ sukhamanveti
chāyā va anapāyinī.

3. *"akkocchi maṃ avadhi maṃ*
ajini maṃ ahāsi me",
ye ca taṃ upanayhanti
veraṃ tesaṃ na sammati.

4. *"akkocchi maṃ avadhi maṃ*
ajini maṃ ahāsi me",
ye ca taṃ n' upanayhanti
veraṃ tes' ūpasammati.

I. OS VERSOS GÊMEOS

1. Os fenômenos mentais[1] têm como precursora a mente,
   fundam-se na mente, são feitas da mente;
   Se um homem fala ou age com mente corrupta,
   Em conseqüência sofrimento o segue, como a roda
   nos passos do boi (que puxa a carroça).

2. Os fenômenos mentais têm como precursora a mente,
   fundam-se na mente, são feitas da mente;
   Se um homem fala ou age com mente pura,
   Em conseqüência felicidade o segue, como a sombra,
   que não vai embora.

3. "Ele me maltratou, ele me bateu, ele me derrotou,
   ele me roubou",
   Naqueles que abrigam tais pensamentos o ódio
   nunca se aplaca.

4. "Ele me maltratou, ele me bateu, ele me derrotou,
   ele me roubou",
   Naqueles que não abrigam tais pensamentos o ódio
   se aplaca.

5. *na hi verena verāni*
sammantīdha kudācanaṃ[1]
averena ca sammanti,
esa dhammo sanantano.

6. *pare ca na vijānanti: "mayam ettha yamāmase",*
ye ca tattha vijānanti tato sammanti medhagā.

7. *subhānupassiṃ viharantaṃ*
indriyesu asaṃvutaṃ
bhojanamhi cāmattaññuṃ
kusītaṃ hīnavīriyaṃ
taṃ ve pasahati Māro
vāto rukkhaṃ va dubbalaṃ.

8. *asubhānupassiṃ viharantaṃ*
indriyesu susaṃvutaṃ
bhojanamhi ca mattaññuṃ
saddhaṃ āraddhavīriyaṃ
taṃ ve na-ppasahati Māro
vāto selaṃ va pabbataṃ.[2]

---

1. PTS (Pali Text Society) *samant' idha kudācana*
2. PTS *na-ppasahatī*

5. Porque neste mundo, ódios jamais cessam pelo ódio;
Mas eles só cessam pelo afeto;
Isto é um vetusto natural princípio.

6. Os outros não entendem que "aqui todos nós um fim devemos ter";
Mas os que dentre eles o sabem, suas disputas aplacam-se de vez.

7. Aquele que vive à cata de prazeres, tem seus sentidos incontidos,
É imoderado na alimentação, indolente e ocioso,
Ele o *Māra*[2] certamente subjuga, assim como o vento uma árvore fraca.

8. Aquele que não vive à cata de prazeres, tem seus sentidos contidos,
É moderado na alimentação, confiante[3] e mobiliza energia,
Ele o *Māra* certamente não subjuga, assim como o vento uma montanha rochosa.

9. *anikkasāvo kāsāvaṃ*
yo vatthaṃ paridahessati
apeto damasaccena
na so kāsāvam arahati.

10. *yo ca vantakasāv'assa*
sīlesu susamāhito
upeto damasaccena
sa ve kāsāvam arahati.

11. *asāre sāramatino*
sāre cāsāradassino
te sāraṃ nādhigacchanti
micchāsaṃkappagocarā.

12. *sārañ ca sārato ñatvā*
asārañ ca asārato
te sāraṃ adhigacchanti
sammāsaṃkappagocarā.

13. *yathā agāraṃ ducchannaṃ*
vuṭṭhi samativijjhati
evaṃ abhāvitaṃ cittaṃ
rāgo samativijjhati.

9. Aquele que enverga o manto amarelo sem estar
das impurezas[4] liberto,
Que é falto de autocontrole e sinceridade, ele
não é merecedor do mesmo.

10. Mas aquele que tenha as impurezas vomitado,
que nas virtudes é bem estabelecido,
Que é dotado de autocontrole e sinceridade, este é
deveras merecedor do manto amarelo.

11. Os que imaginam o essencial no inessencial,
vêem o inessencial no essencial,
Estes habitam a esfera do falso pensamento e
jamais atingem a essência.

12. Mas os que vêem o essencial como essencial e
o inessencial como inessencial,
Estes habitam a esfera do correto pensamento
e atingem a essência.

13. Assim como a chuva penetra numa casa mal-colmada,
Assim mesmo a concupiscência irrompe numa mente
não-cultivada.

14. *yathā agāraṃ succhannaṃ*
vuṭṭhi na samativijjhati
evaṃ subhāvitaṃ cittaṃ
rāgo na samativijjhati.

15. *idha socati pecca socati*
pāpakārī ubhayattha socati,
so socati so vihaññati
disvā kammakiliṭṭhaṃ attano.

16. *idha modati pecca modati*
katapuñño ubhayattha modati,
so modati so pamodati
disvā kammavisuddhim attano.

17. *idha tappati pecca tappati*
pāpakārī ubhayattha tappati,
"pāpaṃ me katan" ti tappati
bhiyyo tappati duggatiṃ gato.

18. *idha nandati pecca nandati*
katapuñño ubhayattha nandati,
"puññaṃ me katan" ti nandati
bhiyyo nandati suggatiṃ gato.

14. Assim como a chuva não penetra numa casa
bem-colmada,
Assim mesmo a concupiscência não irrompe
numa mente bem-cultivada.

15. Ele lamenta neste mundo, ele lamenta no próximo;
o malfeitor lamenta em ambos os estados.
Ele lamenta, ele se aflige vendo seus próprios
atos impuros.

16. Ele regozija-se neste mundo, ele regozija-se no próximo;
o benfeitor regozija-se em ambos os estados.
Ele regozija-se, ele rejubila-se vendo seus próprios
atos puros.

17. Ele atormenta-se neste mundo, ele atormenta-se no
próximo; o malfeitor atormenta-se em ambos os estados.
Pensando "mal eu fiz", ele atormenta-se; duplamente
atormenta-se tendo ido a um estado de infortúnio[5].

18. Ele apraz-se neste mundo, ele apraz-se no próximo;
o benfeitor apraz-se em ambos os estados.
Pensando "bem eu fiz", ele apraz-se; duplamente
apraz-se tendo ido a um estado de beatitude[5].

19. *bahum pi ce sahitaṃ bhāsamāno*
na takkaro hoti naro pamatto
gopo va gāvo gaṇayaṃ paresaṃ
na bhāgavā sāmaññassa hoti.

20. *appaṃ pi ce sahitaṃ bhāsamāno*
dhammassa hoti anudhammacārī
rāgañ ca dosañ ca pahāya mohaṃ
sammappajāno suvimuttacitto
anupādiyāno idha vā huraṃ vā
sa bhāgavā sāmaññassa hoti.

19. Embora muito ele recite as escrituras, mas não agindo
segundo seu espírito,
O homem negligente é como um vaqueiro a contar o gado alheio;
ele não compartilha da vida do recluso.

20. Embora pouco ele recite as escrituras, mas agindo
consoante o ensinamento,
Tendo abandonado luxúria, ódio e delusão[6], possuindo
mente totalmente liberta e correto conhecimento,
Desapegado de qualquer coisa neste ou noutro mundo –,
ele compartilha da vida do recluso.

II. APPAMĀDAVAGGA

21. *appamādo amatapadaṃ*
pamādo maccuno padaṃ,
appamattā na mīyanti
ye pamattā yathā matā.

22. *etaṃ visesato ñatvā*
appamādamhi paṇḍitā
appamāde pamodanti
ariyānaṃ gocare ratā.

23. *te jhāyino sātatikā*
niccaṃ daḷhaparakkamā
phusanti dhīrā nibbānaṃ
yogakkhemaṃ anuttaraṃ.

24. *uṭṭhānavato satīmato*
sucikammassa nisammakārino
saññatassa ca dhammajīvino
appamattassa yaso 'bhivaḍḍhati.

II. DA DILIGÊNCIA

21. Diligência é a trilha da não-morte[7],
negligência é a trilha da morte;
Os diligentes não morrem, os negligentes
são como que mortos.

22. Os instruídos em diligência, tendo compreendido
isto claramente,
Alegram-se na diligência, deleitando-se no reino
dos Nobres[8].

23. Os que são meditativos, perseverantes e sempre
esforçados,
Estes sábios atingem a suprema segurança[9],
o Nirvana[10].

24. Aquele que é esforçado, plenamente atento,
circunspecto, puro em conduta,
Autocontrolado, diligente e de correta vida,
sua reputação aumenta.

25. *uṭṭhānen' appamādena*
saññamena damena ca
dīpaṃ kayirātha medhāvī
yaṃ ogho nābhikīrati.

26. *pamādam anuyuñjanti*
bālā dummedhino janā
appamādañ ca medhāvī
dhanaṃ seṭṭhaṃ va rakkhati.

27. *mā pamādam anuyuñjetha*
mā kāmaratisanthavaṃ
appamatto hi jhāyanto
pappoti vipulaṃ sukhaṃ.

28. *pamādaṃ appamādena*
yadā nudati paṇḍito
paññāpāsādam āruyha
asoko sokiniṃ pajaṃ[3]
pabbataṭṭho va bhummaṭṭhe
dhīro bāle avekkhati.

---

3. PTS *paññāpāsādaṃ*

25. Pelo esforço sustentado, pela diligência, pelo
autodomínio e disciplina,
Que o homem inteligente faça de si uma ilha que
maré-enchente nenhuma submerja.

26. As pessoas estultas, os apoucados em inteligência,
entregam-se à negligência;
O homem inteligente, porém, como a um supremo
tesouro, guarda sua diligência.

27. Não vos abandoneis à negligência, nem tenhais com
prazeres sensuais intimidade,
Porque a pessoa diligente e meditativa obtém
abundante felicidade.

28. Quando o homem esclarecido descarta a negligência
por meio da diligência,
Ele ascende às alturas eiradas da sabedoria; e,
livre de tristeza, o sábio
Contempla a multidão desolada e tola, como alguém
aos da planície, do alto de uma montanha.

29. *appamatto pamattesu*
suttesu bahujāgaro
abalassaṃ va sīghasso
hitvā yāti sumedhaso.

30. *appamādena Maghavā*
devānaṃ seṭṭhataṃ gato,
appamādaṃ pasaṃsanti
pamādo garahito sadā.

31. *appamādarato bhikkhu*
pamāde bhayadassi vā
saññojanaṃ aṇuṃthūlaṃ
ḍahaṃ aggī va gacchati.

32. *appamādarato bhikkhu*
pamāde bhayadassi vā
abhabbo parihānāya
nibbānass' eva santike.

29. Diligente entre os negligentes, desperto entre os
adormecidos,
O sábio avança qual um corcel veloz que deixa atrás
um fraco rocim.

30. Por meio da diligência, *Maghavā*[11] galgou dos
devas[12] à liderança;
A diligência é sempre louvada, a negligência é
sempre desprezada.

31. O bikshu[13] que se compraz na diligência e encara
com temor a negligência
Avança qual um fogo, devorando todos os grilhões[14]
grandes e pequenos.

32. O bikshu que se compraz na diligência e encara
com temor a negligência
Não está sujeito à decaída, mas sim está na
presença do Nirvana.

III. CITTAVAGGA

33. *phandanaṃ capalaṃ cittaṃ*
dūrakkhaṃ dunnivārayaṃ
ujuṃ karoti medhāvī
usukāro va tejanaṃ.

34. *Vārijo va thale khitto*
okamokata ubbhato
pariphandat' idaṃ cittaṃ
Māradheyyaṃ pahātave.

35. *dunniggahassa lahuno*
yatthakāmanipātino
cittassa damatho sādhu,
cittaṃ dantaṃ sukhāvahaṃ.

36. *sududdasaṃ sunipuṇaṃ*
yatthakāmanipātinaṃ
cittaṃ rakkhetha medhāvī,
cittaṃ guttaṃ sukhāvahaṃ.

III. DO CORAÇÃO[15]

33. Este coração volúvel e vacilante, difícil de guardar,
difícil de refrear,
O homem inteligente endireita assim como o armeiro
a seta.

34. Qual um peixe tirado de seu meio aquoso e
lançado sobre a firme terra,
Debate-se este coração para furtar-se ao domínio
de *Māra*.

35. A mente é difícil de conter, é ligeira, esvoaça para
onde lhe apraz.
Dominá-la é bom; uma mente domada é conducente
à felicidade.

36. O pensamento é muito difícil de ver, sutil ao extremo
e esvoaça para onde lhe apraz.
Que o homem inteligente o guarde; um pensamento
preservado é conducente à felicidade.

37. *dūraṇgamaṃ ekacaraṃ*
asarīraṃ guhāsayaṃ
ye cittaṃ saññamessanti
mokkhanti Mārabandhanā.

38. *anavaṭṭhitacittassa*
saddhammaṃ avijānato
pariplavapasādassa
paññā na paripūrati.

39. *anavassutacittassa*
ananvāhatacetaso
puññapāpapahīnassa
n'atthi jāgarato bhayaṃ.

40. *kumbhūpamaṃ kāyam imaṃ viditvā*
nagarūpamaṃ cittam idaṃ ṭhapetvā
yodhetha Māraṃ paññāvudhena
jitañ ca rakkhe anivesano siyā.

37. Indo longe, vagueando solitária, incorpórea, sediada
na cavidade (do coração), assim é a mente;
Os que controlam a mente são liberados dos liames
de *Māra*.

38. Aquele cujo coração é instável, aquele que não
conhece o bom Darma[16],
Aquele cuja confiança vacila, a sabedoria deste a
plenitude não alcança.

39. Aquele cujo coração está livre de luxúria, aquele
que não tem perplexa sua mente,
Aquele que suprimiu o bem e o mal – não há
temor para este vigilante.

40. Compreendendo que este corpo é (tão frágil)
quanto uma jarra,
Estabelecendo este coração tão firme quanto uma
cidadela,
Que ele ataque *Māra* com a arma da sabedoria;
Que ele proteja sua conquista, e que não se apegue
a coisas mundanas.

41. *aciraṃ vat' ayaṃ kāyo*
paṭhaviṃ adhisessati
chuddho apetaviññāṇo
niratthaṃ va kaliṅgaraṃ.

42. *diso disaṃ yan taṃ kayirā*
verī vā pana verinaṃ:
micchāpaṇihitaṃ cittaṃ
pāpiyo naṃ tato kare.

43. *na taṃ mātā pitā kayirā*
aññe vā pi ca ñātakā –
sammāpaṇihitaṃ cittaṃ
seyyaso naṃ tato kare.

41. Dentro em breve, ai! este corpo jazerá sobre a terra,
Desprezado, desprovido de consciência, qual um
toro podre.

42. O que quer que um inimigo possa fazer a um inimigo,
ou um odiento a um odiento,
Pior ainda lhe fará um coração mal dirigido.

43. O que nem mãe, nem pai, nem outros parentes
podem fazer,
Da melhor maneira lhe fará um coração bem dirigido.

IV. PUPPHAVAGGA

44. *ko imaṃ paṭhaviṃ vijessati*
Yamalokañ ca imaṃ sadevakaṃ?[4]
ko dhammapadaṃ sudesitaṃ
kusalo puppham' iva pacessati?[5]

45. *sekho paṭhaviṃ vijessati*
Yamalokañ ca imaṃ sadevakaṃ.
sekho dhammapadaṃ sudesitaṃ
kusalo puppham'iva pacessati.

46. *pheṇūpamaṃ kāyam imaṃ viditvā*
marīcidhammaṃ abhisambudhāno
chetvāna Mārassa papupphakāni
adassanaṃ maccurājassa gacche.

47. *pupphāni h' eva pacinantaṃ*
byāsattamanasaṃ naraṃ[6]
suttaṃ gāmaṃ mahogho va
maccu ādāya gacchati.

---

4. PTS *Yamalokaṃ*
5. PTS *iva-ppacessati*
6. PTS *vyāsattamanasaṃ*

IV. DAS FLORES

44. Quem conquistará esta terra, e o mundo do
 Rei da Morte[17] e este mundo dos devas?
 Quem colherá a bem-ensinada Senda da Virtude,
 assim como o perito (-jardineiro) uma flor?

45. Um discípulo conquistará esta terra, e o mundo do
 Rei da Morte e este mundo dos devas.
 Um discípulo colherá a bem-ensinada Senda da
 Virtude, assim como o perito (-jardineiro) uma flor.

46. Sabendo que este corpo é qual espuma,
 Tendo compreendido perfeitamente sua
 natureza-miragem,
 Que ele quebre as setas floreadas[18] de *Māra*
 E vá para além da vista do Rei da Morte.

47. Enquanto está um homem colhendo flores com
 coração absorto em prazeres,
 A morte vem e o arrebata como uma torrente a
 um vilarejo dormente.

48. *pupphāni h' eva pacinantaṃ*
byāsattamanasaṃ naraṃ
atittaṃ yeva kāmesu
antako kurote vasaṃ.

49. *yathā' pi bhamaro pupphaṃ*
vaṇṇagandhaṃ aheṭhayaṃ
paleti rasam ādāya
evaṃ gāme munī care.

50. *na paresaṃ vilomāni,*
na paresaṃ katākataṃ
attano va avekkheyya
katāni akatāni ca.

51. *yathā 'pi ruciraṃ pupphaṃ*
vaṇṇavantaṃ agandhakaṃ
Evaṃ subhāsitā vācā
aphalā hoti akubbato.

52. *yathā 'pi ruciraṃ pupphaṃ*
vaṇṇavantaṃ sagandhakaṃ
evaṃ subhāsitā vācā
saphalā hoti sakubbato.

48. Enquanto está um homem ansiosamente colhendo
flores com coração absorto em prazeres,
E insaciado ainda em sua sede, a Morte vem e o
põe sob seu poder.

49. Assim como uma abelha que sem danificar a flor,
sua cor ou perfume,
Suga o néctar e se afasta, assim devem os sábios
perambular pelas aldeias.

50. Não as faltas dos outros, não o que foi feito e não
feito pelos outros,
Unicamente seus próprios feitos cumpridos e não
cumpridos deve alguém considerar.

51. Qual uma bela flor brilhante mas sem fragrância,
Assim infrutífera é a bem-falada palavra daquele
que não a pratica.

52. Qual uma bela flor brilhante e perfumada,
Assim frutífera é a bem-falada palavra daquele
que a pratica.

53. *yathā 'pi poppharāsimhā*
kayirā mālāguṇe bahū
evaṃ jātena maccena
kattabbaṃ kusalaṃ bahuṃ.

54. *na pupphagandho paṭivātam eti*
na candanaṃ tagaramallikā vā
satañ ca gandho paṭivātam eti
sabbā disā sappuriso pavāti.

55. *candanaṃ tagaraṃ vā 'pi*
uppalaṃ atha vassikī
etesaṃ gandhajātānaṃ
sīlagandho anuttaro.

56. *appamatto ayaṃ gandho*
yā 'yam tagaracandanī
yo ca sīlavataṃ gandho
vāti devesu uttamo.

57. *tesaṃ sampannasīlānaṃ*
appamādavihārinaṃ
sammadaññāvimuttānaṃ
Māro maggaṃ na vindati.

53. Assim como de uma pilha de flores grinaldas
muitas podem ser feitas,
Assim também por um homem nascido mortal
muito bem pode ser feito.

54. A fragrância das flores não vai contra o vento
Tampouco do *tagara*[19], jasmim ou sândalo;
Mas do bom homem a fragrância vai contra o vento:
Seu perfume dissemina por todos os quarteirões
o homem virtuoso.

55. Sândalo, *tagara*, ou mesmo lótus e jasmim:
Destes todos tipos de fragrância, é suprema a
fragrância da virtude.

56. Fraco é este perfume que do *tagara* e sândalo vem;
Mas sublime é o perfume do virtuoso que se eleva
até os devas.

57. Daqueles possuídos de virtude, que vivem
diligentemente,
E que estão libertos pelo correto conhecimento,
o *Māra* o caminho não lhes descobre.

58/ *yathā saṃkāradhānasmiṃ*
59. *ujjhitasmiṃ mahāpathe*
padumaṃ tattha jāyetha
sucigandhaṃ manoramaṃ.
evaṃ saṃkārabhūtesu
andhabhūte puthujjane
atirocati paññāya
sammāsambuddhasāvako.

58/ Assim como sobre um montão de refugo na estrada
59. jogado
O lótus lá pode crescer, docemente fragrante e
delicioso;
Assim também entre o refugo humano, os cegos
mundanos,
Resplandece com sabedoria o discípulo do Perfeitamente
Iluminado.

V. BĀLAVAGGA

60. *dīghā jāgarato ratti*
dīghaṃ santassa yojanaṃ[7]
dīgho bālānaṃ saṃsāro
saddhammaṃ avijānataṃ.

61. *carañ ce nādhigaccheyya*
seyyaṃ sadisam attano
ekacariyaṃ daḷhaṃ kayirā
n' atthi bāle sahāyatā.

62. *"puttā m' atthi dhanaṃ m' atthi"*
iti bālo vihaññati
attā hi attano n' atthi
kuto puttā kuto dhanaṃ.

63. *yo bālo maññatī bālyaṃ*
paṇḍito vā 'pi tena so,
bālo ca paṇḍitamānī
sa ve bālo ti vuccati.

7. PTS *rattī*

V. DO TOLO

60. Longa é a noite para quem vela; longa é a légua para quem está fatigado;
Longo é o samsara[20] para os tolos que desconhecem o sublime Darma.

61. Se, jornadeando, não encontrar (ninguém) que lhe seja igual ou melhor,
Que firmemente siga solitário: não há amizade com tolos.

62. "São meus esses filhos, é minha essa riqueza", assim o tolo se aflige.
Na verdade ele mesmo não é de si próprio, muito menos os filhos, a riqueza.

63. O tolo que reconhece sua tolice é inteligente por isso mesmo;
Mas o tolo que se imagina inteligente é justamente "tolo" chamado.

64. *yāvajīvam pi ce bālo*
paṇḍitaṃ payirupāsati
na so dhammaṃ vijānāti
dabbī sūparasaṃ yathā.

65. *muhuttam api ce viññū*
paṇḍitaṃ payirupāsati
khippaṃ dhammaṃ vijānāti
jivhā sūparasaṃ yathā.

66. *caranti bālā dummedhā*
amitten' eva attanā
karontā pāpakaṃ kammaṃ
yaṃ hoti kaṭukapphalaṃ.

67. *na taṃ kammaṃ kataṃ sādhu*
yaṃ katvā anutappati
yassa assumukho rodaṃ
vipākaṃ paṭisevati.

68. *tañ ca kammaṃ kataṃ sādhu*
yaṃ katvā nānutappati
yassa patīto sumano
vipākaṃ paṭisevati.

64. Mesmo se um estulto se associa a um sábio por toda
a vida,
Ele não percebe o Darma (mais que) a colher o
sabor da sopa;

65. Mesmo se um homem inteligente se associa a um
sábio por um só minuto,
Célere ele percebe o Darma (assim como) a língua
o sabor da sopa.

66. Os tolos irreflexivos andam por aí tendo a si próprios
por inimigo,
Praticam maus atos[21] cujo fruto é amargo.

67. Não é bem praticado aquele ato do qual alguém,
tendo-o feito, se arrepende,
E cujo fruto chorando e com face lacrimosa ele
recebe;

68. Mas é bem praticado aquele ato do qual alguém,
tendo-o feito, não se arrepende,
E cujo fruto prazeroso e feliz ele recebe.

69. *Madhu 'vā maññatī bālo*
yāva pāpaṃ na paccati
yadā ca paccatī pāpaṃ
atha dukkhaṃ nigacchati.[8]

70. *māse māse kusaggena*
bālo bhuñjetha bhojanaṃ
na so saṃkhatadhammānaṃ
kalaṃ agghati soḷasiṃ.

71. *na hi pāpaṃ kataṃ kammaṃ*
sajju khīraṃ va muccati[9]
ḍahantaṃ bālam anveti[10]
bhasmācchanno va pāvako.

72. *yāvad eva anatthāya*
ñattaṃ bālassa jāyati
hanti bālassa sukkaṃsaṃ
muddham assa vipātayaṃ.

---

8. PTS *atha bālo*; algumas edições omitem *atha*, outras *bālo*.
9. PTS *mucchati*
10. PTS *ḍahantam*

69. Doce como mel pensa ser o tolo um mau ato,
enquanto não produz fruto;
Mas quando o mau ato produz fruto ele passa por
sofrimento.

70. Mesmo que um tolo coma sua comida mês após mês
com a ponta (da lâmina) d'uma erva *kusa*[22],
Mesmo assim, ele não vale a décima-sexta parte
dos que têm entendido o Darma.

71. Na verdade, um mau feito praticado não (frutifica)
Imediatamente tal como leite (fresco) que não coalha;
Queimando, este persegue o tolo
Qual fogo por cinzas coberto.

72. Sempre que o tolo em seu prejuízo adquire
conhecimento,
Este destrói a brilhante sorte esmagando a cabeça
do estulto.

73. *asataṃ bhāvanam iccheyya*
purekkhārañ ca bhikkhusu
āvāsesu ca issariyaṃ
pūjā parakulesu ca.

74. *"mam' eva kata maññantu*
gihī pabbajitā ubho,
mam' evātivasā assu
kiccākiccesu kismici",
iti bālassa saṃkappo,
icchā māno ca vaḍḍhati.

75. *aññā hi lābhūpanisā*
aññā nibbānagāminī,
evam etaṃ abhiññāya
bhikkhu Buddhassa sāvako
sakkāraṃ nābhinandeyya
vivekam anubrūhaye.

73. Ele poderia dos maus desejar reputação e, entre
os bikshus, deferência,
E nas casas, supremacia, e entre as outras
famílias, honra!

74. "Que ambos, leigos e ascetas, pensem que isto foi
feito só para mim,
Que em todos os deveres, grandes e pequenos, se
sujeitem só a mim!"
Tal é a ambição do tolo e crescem seu desejo e
orgulho.

75. Porque um é a produção de ganhos (terrestres), outro
o (caminho) que leva ao Nirvana;
Assim, tendo aprendido isto, o bikshu, o discípulo
de Buda
Não deve regozijar-se com a honra, mas sim
devotar-se à solidão.

VI. PAṆḌITAVAGGA

76. *nidhīnaṃ va pavattāraṃ*
yaṃ passe vajjadassinaṃ
niggayhavādiṃ medhāviṃ
tādisaṃ paṇḍitaṃ bhaje,
tādisaṃ bhajamānassa
seyyo hoti na pāpiyo.

77. *ovadeyyānusāseyya*
asabbhā ca nivāraye,
sataṃ hi so piyo hoti
asataṃ hoti appiyo.

78. *na bhaje pāpake mitte*
na bhaje purisādhame,
bhajetha mitte kalyāṇe
bhajetha purisuttame.

79. *dhammapīti sukhaṃ seti*
vippasannena cetasā,[11]
ariyappavedite dhamme
sadā ramati paṇḍito.

---

11. PTS *vipasannena*

VI. DO SÁBIO (PÂNDITA[23])

76. Fosse alguém ver um homem inteligente que lhe aponta o que deve ser evitado como se desvendasse um oculto tesouro,
E lhe repreende as falhas, que ele cultive amizade com este sábio –,
Tal cultivar de amizade é-lhe para melhor e não para pior.

77. Que ele (o sábio) exorte, instrua e demova (os outros) do que é impróprio;
Deveras do bom ele se torna querido, pelo maléfico ele é detestado.

78. Não te associes às más companhias, não te associes aos vis homens;
Associa-te aos virtuosos amigos, associa-te aos melhores entre os homens.

79. Aquele que se embebe no Darma vive na felicidade com a mente serena;
No Darma pregado pelos nobres[24] o sábio incessantemente se deleita.

80. *udakaṃ hi nayanti nettikā*
usukārā namayanti tejanaṃ
dāruṃ namayanti tacchakā
attānaṃ damayanti paṇḍitā.

81. *selo yathā ekaghano*
vātena na samīrati
evaṃ nindāpasaṃsāsu
na samiñjanti paṇḍitā.

82. *yathāpi rahado gambhīro*
vippasanno anāvilo
evaṃ dhammāni sutvāna
vippasīdanti paṇḍitā.

83. *sabbattha ve sappurisā vajanti*
na kāmakāmā lapayanti santo,
sukhena phuṭṭhā athavā dukhena
na uccāvacaṃ paṇḍitā dassayanti.

84. *na attahetu na parassa hetu*
na puttam icche na dhanaṃ na raṭṭhaṃ
na iccheyya adhammena samiddhim attano
sa sīlavā paññavā dhammiko siyā.

80. Os construtores-de-canais conduzem a água,
Os fazedores-de-flechas endireitam a haste,
Os carpinteiros trabalham a madeira;
Os sábios domam a si mesmos.

81. Assim como uma sólida rocha não é sacudida pelo vento,
Assim não são os sábios movidos pela censura ou elogio.

82. Tal qual um lago, profundo, límpido e calmo,
Assim tornam-se os sábios serenos ao ouvir os Ensinamentos.

83. Em qualquer circunstância as boas pessoas resignam-se; os bons homens não parolam tomados de prazeres sensuais;
Tocados quer pela felicidade quer pela dor, os sábios não demonstram alteração.

84. Nem para si mesmo nem para outro deveria um homem desejar filho, ou riqueza, ou reinado;
Por meios vis não deveria desejar sucesso para si próprio; (então) seria ele justo, sábio e virtuoso.

85. *appakā te manussesu*
ye janā pāragāmino,
athāyaṃ itarā pajā
tīram evānudhāvati.

86. *ye ca kho sammadakkhāte*
dhamme dhammānuvattino
te janā pāram essanti,
maccudheyyaṃ suduttaraṃ.

87/ *kaṇhaṃ dhammaṃ vippahāya*
88. *sukkaṃ bhāvetha paṇḍito,*
okā anokaṃ āgamma
viveke yattha dūramaṃ.
tatrābhiratim iccheyya,
hitvā kāme akiñcano
pariyodapeyya attānaṃ
cittaklesehi paṇḍito.

89. *yesaṃ sambodhi-aṅgesu*
sammā cittaṃ subhāvitaṃ
ādānapaṭinissagge
anupādāya ye ratā
khīṇāsavā jutīmanto
te loke parinibbutā.

85. Poucos são entre os homens os que vão à outra margem[25];
O restante da humanidade apenas vai e vem ao longo (desta) margem.

86. Mas aqueles que seguem o Darma após este ter sido bem exposto,
Estes homens alcançarão a outra margem (passando) o reino da Morte, tão difícil de cruzar.

87/ Abandonando o estado de escuridão, que o sábio
88. cultive a clareza:
Tendo ido (da vida) de casa ao sem-casa, em solidão, onde gozo é ausente,
Que nela deliciar-se ele anseie. Renunciando à luxúria, possuindo nada,
Que o sábio purifique a si mesmo das impurezas do coração[26].

89. Aqueles cujas mentes estão perfeitamente desenvolvidas nos constituintes de Iluminação[27],
Que não se ligando ao mundo regozijam-se em terem do apego se libertado,
Cujos cancros[28] estão destruídos, resplendentes (em sabedoria) –, eles emanciparam-se (de todo laço terreno) neste mundo.

VII. ARAHANTAVAGGA

90. *gataddhino visokassa*
vippamuttassa sabbadhi
sabbaganthappahīnassa
pariḷāho na vijjati.

91. *uyyuñjanti satīmanto*
na nikete ramanti te
haṃsā va pallalaṃ hitvā
okamokaṃ jahanti te.

92. *yesaṃ sannicayo n'atthi*
ye pariññātabhojanā
suññato animitto ca
vimokho yesaṃ gocaro
ākāse va sakuntānaṃ
gati tesaṃ durannayā.

VII. DO CONSUMADO (*ARHAT*[29])

90. Para aquele que tenha completado sua jornada, que
é livre de tristeza, que de tudo está liberto,
Para aquele que todos os laços[30] tenha desfeito –
a febre (da paixão) não haverá de ser.

91. Os contemplativos empenham-se, em morada eles
não se aprazem;
Como cisnes abandonando a lagoa, abandonam
eles morada após morada.

92. Eles, para os quais acumulação (de possessões) não
há, que conhecem a contento o alimento que
tomam,
E cujo pasto é a Libertação, o Vazio, o
Incondicionado[31] –,
Seu curso é difícil de ser traçado como o dos
abutres no ar.

93. *yassāsavā parikkhīṇā*
āhāre ca anissito
suññato animitto ca
vimokho yassa gocaro
ākāse va sakuntānaṃ
padaṃ tassa durannayaṃ.

94. *yass' indriyāni samathaṃ gatāni*
assā yathā sārathinā sudantā
pahīnamānassa anāsavassa
devā' pi tassa pihayanti tādino.

95. *paṭhavīsamo no virujjhati*
indakhīlūpamo tādi subbato
rahado va apetakaddamo
saṃsārā na bhavanti tādino.

96. *santaṃ tassa manaṃ hoti*
santā vācā ca kamma ca
sammadaññāvimuttassa
upasantassa tādino.

93. Aquele cujos cancros estão exauridos, e que
não depende do nutrimento,
E cujo pasto é a Libertação, o Vazio, o
Incondicionado –,
Seu caminho é difícil de ser traçado como o dos
abutres no ar.

94. Aquele cujos sentidos foram acalmados
Quais cavalos pelo cocheiro domados,
Que do orgulho se desfez e livre está dos cancros,
Até os devas invejam-no como tal.

95. Ele é imperturbável, como a terra;
Como o pilar, assim é o virtuoso;
Ele é como uma lagoa livre de lama;
Não existe para o de tais qualidades o samsara.

96. Calmo é seu pensamento, calmos sua palavra e feito;
Assim é a calma daquele que se emancipou pelo
Perfeito Conhecimento.

97. *assaddho akataññū ca*
sandhicchedo ca yo naro
hatāvakāso vantāso
sa ve uttamaporiso.

98. *gāme vā yadi vāraññe*
ninne vā yadi vā thale
yatthārahanto viharanti[12]
taṃ bhūmiṃ rāmaṇeyyakaṃ.

99. *ramaṇīyāni araññāni,*
yattha na ramatī jano
vītarāgā ramissanti,
na te kāmagavesino.

12. PTS *yatth' arahanto*

97. Aquele que não é crédulo e ingrato[32],
e rompeu todos os liames,
Que pôs fim à ocasião (do bem e do mal), que
renunciou a todos os desejos, é deveras o
mais excelente dos homens.

98. Seja na aldeia ou na floresta, no vale ou na colina,
Onde quer que os *Arahats* residam, delicioso é
este sítio.

99. Ah! encantadoras são as florestas onde o mundano
não se deleita;
Os isentos de paixão lá se deliciarão, (porque) prazeres
sensuais eles não procuram.

VIII. SAHASSAVAGGA

100. *sahassam api ce vācā*
anatthapadasaṃhitā
ekaṃ atthapadaṃ seyyo
yaṃ sutvā upasammati.

101. *sahassam api ce gāthā*
anatthapadasaṃhitā
ekaṃ gāthāpadaṃ seyyo
yaṃ sutvā upasammati.

102. *yo ca gāthāsataṃ bhāse*
anatthapadasaṃhitā
ekaṃ gāthāpadaṃ seyyo
yaṃ sutvā upasammati.

103. *yo sahassaṃ sahassena*
saṅgāme mānuse jine
ekañ ca jeyya-m-attānaṃ
sa ve saṅgāmajuttamo.

VIII. DO MILHAR

100. Embora uma fala tenha mil (palavras), mas consista
de palavras sem sentido,
Melhor mesmo uma palavra com sentido
que pacifica o homem tendo-a ouvido.

101. Embora uma estrofe tenha mil, (mas) consista de
palavras sem sentido,
Melhor mesmo um único verso provido de sentido
que pacifica o homem tendo-o ouvido.

102. Embora um homem profira cem estrofes, mas que
consistam de palavras não-proveitosas,
Melhor mesmo uma só estrofe proveitosa que
pacifica ao ouvi-la.

103. Embora um homem conquiste numa batalha mil
vezes mil homens,
O maior vitorioso em batalha seria em verdade
aquele que conquistasse a si mesmo.

104/ *attā have jitaṃ seyyo*
105. *yā cāyaṃ itarā pajā*
attadantassa posassa
niccaṃ saññatacārino.
n'eva devo na gandhabbo
na Māro saha Brahmunā
jitaṃ apajitaṃ kayirā
tathārūpassa jantuno.

106. *māse māse sahassena*
yo yajetha sataṃ samaṃ
ekañ ca bhāvitattanaṃ
muhuttam api pūjaye —
sā yeva pūjanā seyyo
yañ ce vassasataṃ hutaṃ.

107. *yo ce vassasataṃ jantu*
aggiṃ paricare vane
ekañ ca bhāvitattānam
muhuttam api pūjaye —
sā yeva pūjanā seyyo
yañ ce vassasataṃ hutaṃ.

104/ A conquista de si mesmo é deveras melhor do que a de
105. toda esta outra gente;
Se um homem é autodomado e vive sempre
controlado,
Nem mesmo um deva, nem duende[33], nem *Māra*
ao Brahmā[34] unido,
Podem converter em derrota a conquista d'um tal ente.

106. Embora um homem ofereça mês após mês durante
cem anos sacrifícios mil,
Se, contudo, por um só instante ele reverenciar
alguém que disciplinou a si próprio,
Esta reverência é deveras melhor do que um século de
sacrifícios.

107. Embora um homem mantenha durante um século o
fogo (sacrifical) na floresta,
Se, contudo, por um só instante ele reverenciar
alguém que desenvolveu a si próprio,
Esta reverência é deveras melhor que um século de
sacrifícios.

108. *yaṃ kiñci yiṭṭhaṃ va hutaṃ va loke*[13]
saṃvaccharaṃ yajetha puññapekho
sabbam pi taṃ na catubhāgam eti —
abhivādanā ujjugatesu seyyo.

109. *abhivādanasīlissa*
niccaṃ vaddhāpacāyino
cattāro dhammā vaḍḍhanti:
āyu vaṇṇo sukhaṃ balaṃ.

110. *yo ca vassasataṃ jīve*
dussīlo asamāhito
ekāhaṃ jīvitaṃ seyyo
sīlavantassa jhāyino.

111. *yo ca vassasataṃ jīve*
duppañño asamāhito
ekāhaṃ jīvitaṃ seyyo
paññāvantassa jhāyino.

112. *yo ca vassasataṃ jīve*
kusīto hīnavīriyo
ekāhaṃ jīvitaṃ seyyo
viriyam ārabhato daḷhaṃ.

---

13. PTS *yiṭṭhañ ca hutañ ca*

108. Por mais que alguém neste mundo donativo ou
oblação
Ofereça durante um ano visando obter mérito,
Tudo isto não vale uma quarta fração:
Mais vale ao homem reto respeitosa saudação.

109. Para aquele que tem a disposição de sempre
reverenciar e honrar os anciãos,
Quatro coisas prosperam: vida, felicidade,
vigor e compleição.

110. Embora uma pessoa viva cem anos, imoral e
sem compostura,
Melhor mesmo é a vida d'um dia, virtuosa e refletida.

111. Embora uma pessoa viva cem anos, ignorante e
sem compostura,
Melhor mesmo é a vida d'um dia, sábia e refletida.

112. Embora um homem viva cem anos, ocioso e frouxo,
Melhor mesmo é a vida d'um dia daquele que faz
intenso esforço.

113. *yo ca vassasataṃ jīve*
apassaṃ udayavyayaṃ
ekāhaṃ jīvitaṃ seyyo
passato udayavyayaṃ.

114. *yo ca vassasataṃ jīve*
apassaṃ amataṃ padaṃ
ekāhaṃ jīvitaṃ seyyo
passato amataṃ padaṃ.

115. *yo ca vassasataṃ jīve*
apassaṃ dhammam uttamaṃ
ekāhaṃ jīvitaṃ seyyo
passato dhammam uttamaṃ.

113. Embora um homem viva cem anos, não vendo o nascer e pôr[35],
Melhor mesmo a vida d'um dia daquele que vê o nascer e pôr.

114. Embora uma pessoa viva cem anos não vendo o morada da não-morte,
Melhor mesmo a vida d'um dia daquele que vê o morada da não-morte.

115. Embora uma pessoa viva cem anos não vendo o supremo Darma,
Melhor mesmo a vida d'um dia daquele que vê o supremo Darma.

IX. PĀPAVAGGA

116. *abhittharetha kalyāṇe*
pāpā cittaṃ nivāraye,
dandhaṃ hi karoto puññaṃ
pāpasmiṃ ramatī mano.

117. *pāpañ ce puriso kayirā*
na taṃ kayirā punappunaṃ,
na tamhi chandaṃ kayirātha,
dukkho pāpassa uccayo.

118. *puññañ ce puriso kayirā*
kayirāth' enaṃ punappunaṃ,
tamhi chandaṃ kayirātha,
sukho puññassa uccayo.

119. *pāpo pi passati bhadraṃ*[14]
yāva pāpaṃ na paccati,
yadā ca paccati pāpaṃ
atha pāpāni passati.[15]

---

14. PTS *passaī*
15. PTS *atha pāpo...*

IX. DO MAL

116. Que alguém se apresse para o bem, que ele
previna seu coração do mal,
Porque a mente do que é lerdo em fazer o meritório
compraz-se no mal.

117. Se um homem cometer algum mal, que o não faça
vez pós vez;
Que nele não se compraza: é dolorosa a acumulação
do mal.

118. Se um homem pratica algum bem, que o faça vez
pós vez;
Que nele se compraza: feliz é a acumulação do bem.

119. Mesmo um malfeitor vê boa ação enquanto o mal não
amadurece;
Mas quando este amadurece, então vê o malfeitor
os maus resultados.

120. *bhadro pi passati pāpaṃ*[16]
yāva bhadraṃ na paccati,
yadā ca paccati bhadraṃ
atha bhadrāni passati.[17]

121. *māvamaññetha pāpassa*
"na man taṃ āgamissati",
udabindunipātena
udakumbho pi purāti,
pūrati bālo pāpassa
thokathokam pi ācinaṃ.

122. *māvamaññetha puññassa*
"na man taṃ āgamissati",
udabindunipātena
udakumbho pi pūrati,
pūrati dhīro puññassa
thokathokam pi ācinaṃ.

123. *vāṇijo va bhayaṃ maggaṃ*
appasattho mahaddhano
visaṃ jīvitukāmo 'va
pāpāni parivajjaye.

---

16. PTS passatī
17. PTS *atha bhadro...*

120. Mesmo um benfeitor vê má ação enquanto o bem não amadurece;
Mas quando este amadurece, então vê o benfeitor os bons resultados.

121. Não menosprezes o mal (dizendo): "este não chegará perto de mim";
Mesmo pela queda de gotas d'água uma jarra se enche;
Igualmente, acumulando-o pouco a pouco, o tolo de maldade se enche.

122. Não menosprezes o bem (dizendo): "este não chegará perto de mim";
Mesmo pela queda de gotas d'água uma jarra se enche;
Igualmente, acumulando-o pouco a pouco, o inteligente de bem se enche.

123. Assim como um rico negociante com pouca escolta (evita) o caminho perigoso,
Assim como um homem que ama a vida (evita) o veneno,
Deve alguém evitar as más ações.

124. *pāṇimhi ce vaṇo n'āssa*
hareyya pāṇinā visaṃ,
nābbaṇaṃ visam anveti,
n'atthi pāpaṃ akubbato.

125. *yo appaduṭṭhassa narassa dussati*
suddhassa posassa anaṅgaṇassa
tam eva bālaṃ pacceti pāpaṃ
sukhumo rajo paṭivātaṃ va khitto.

126. *gabbham eke upapajjanti*
nirayaṃ pāpakammino,
saggaṃ sugatino yanti
parinibbanti anāsavā.

127. *na antalikkhe na samuddamajjhe*
na pabbatānaṃ vivaraṃ pavissa
na vijjatī so jagatippadeso
yatthaṭṭhito muñceyya pāpakammā.

128. *na antalikkhe na samuddamajjhe*
na pabbatānaṃ vivaraṃ pavissa
na vijjatī so jagatippadeso
yatthaṭṭhitaṃ na-ppasahetha maccu.

124. Se na sua mão não houver ferida, pode um homem
manusear o veneno:
O veneno não afeta o que não tiver ferida;
Não há mal para aquele que o não pratica.

125. Quem ofende a um ser humano, a um inocente,
A um homem puro e inofensivo,
O mal ricocheteia sobre este mesmo tolo
Como fina poeira lançada contra o vento.

126. Alguns nascem no útero; os malfeitores, no estado de
infortúnio[36];
Os justos vão ao estado de beatitude[36]; os libertos de
cancros (morais) passam ao Nirvana.

127. Nem nos céus, nem no meio do oceano, nem se
refugiando no antro d'uma montanha,
Não se conhece lugar nenhum nesta terra onde,
permanecendo, possa um homem escapar
(das conseqüências) da sua má ação.

128. Nem nos céus, nem no meio do oceano, nem se
refugiando no antro d'uma montanha,
Não se conhece lugar nenhum nesta terra onde,
permanecendo, não seja o homem pela morte
subjugado.

X. DAṆḌAVAGGA

129. *sabbe tasanti daṇḍassa*
sabbe bhāyanti maccuno,
attānaṃ upamaṃ katvā
na haneyya na ghātaye.

130. *sabbe tasanti daṇḍassa*
sabbesaṃ jīvitaṃ piyaṃ,
attānaṃ upamaṃ katvā
na haneyya na ghātaye.

131. *sukhakāmāni bhūtāni*
yo daṇḍena vihiṃsati
attano sukham esāno
pecca so na labhate sukhaṃ.

132. *sukhakāmāni bhūtāni*
yo daṇḍena na hiṃsati
attano sukham esāno
pecca so labhate sukhaṃ.

X. DA VARA (PUNIÇÃO)

129. Todos tremem perante a vara, todos temem a morte;
Comparando (os outros) a si próprio, que a pessoa
não mate nem cause a morte.

130. Todos tremem perante a vara, a todos a vida é cara;
Comparando (os outros) a si próprio, que a pessoa
não mate nem cause a morte.

131. Quem com vara fere seres vivos desejosos de
felicidade,
Buscando ele próprio felicidade, não obtém após
a morte felicidade.

132. Quem com vara não fere seres vivos desejosos de
felicidade,
Buscando ele próprio felicidade, obtém após a
morte felicidade.

133. *mā voca pharusaṃ kañci*
vuttā paṭivadeyyu taṃ,
dukkhā hi sārambhakathā
paṭidaṇḍā phuseyyu taṃ.

134. *sace neresi attānaṃ*
kaṃso upahato yathā
esa patto si nibbānaṃ
sārambho te na vijjati.

135. *yathā daṇḍena gopālo*
gāvo pāceti gocaraṃ
evaṃ jarā ca maccu ca
āyuṃ pācenti pāṇinam.

136. *atha pāpāni kammāni*
karaṃ bālo na bujjhati,
sehi kammehi dummedho
aggidaḍḍho va tappati.

137/ *yo daṇḍena adaṇḍesu*
140. *appaduṭṭhesu dussati*
dasannam aññataraṃ ṭhānaṃ
khippam eva nigacchati:

133. Não fales asperamente a ninguém; os endereçados
poderiam te replicar;
Dolorosas[37] na verdade são as palavras coléricas:
retribuição poderia te alcançar.

134. Se tu silencias a ti mesmo qual gongo quebrado,
Tu já terás o Nirvana atingido; fala colérica de ti
não é conhecida.

135. Assim como o vaqueiro com cajado ao pasto conduz
o gado,
Assim a velhice e a morte a vida dos seres conduzem.

136. Ora, as más ações que pratica, o tolo não percebe;
Por seus atos, como que consumido pelo fogo,
o estúpido arde.

137/ Aquele que com a vara os inocentes e inofensivos
140. ofende,
Cedo a uma destas dez condições se submete:
Cruel sofrimento, desastre e mutilação do corpo,
Ou mesmo doença grave, ou perturbação mental,

vedanaṃ pharusaṃ jāniṃ
sarīrassa ca bhedanaṃ
garukaṃ vā 'pi ābādhaṃ
cittakkhepaṃ va pāpuṇe.
rājato vā upassaggaṃ
abbhakkhānaṃ va dāruṇaṃ
parikkhayaṃ va ñātinaṃ
bhogānaṃ va pabhaṅguṇaṃ.
athav' assa agārāni
aggi ḍahati pāvako,[18]
kāyassa bhedā duppañño
nirayaṃ so' papajjati.[19]

141. *na naggacariyā na jaṭā na paṃkā*
nānāsakā thaṇḍilasāyikā vā
rajo va jallaṃ ukkuṭikappadhānaṃ
sodhenti maccaṃ avitiṇṇakaṃkhaṃ.

142. *alaṃkato ce pi samaṃ careyya*
santo danto niyato brahmacārī
sabbesu bhūtesu nidhāya daṇḍaṃ
so brāhmaṇo so samaṇo sa bhikkhu.

---

18. Leitura alternativa: *atha vāssa*

19. Leitura alternativa: *upapajjati*

Ou desgraça partindo do rei, ou temível calúnia,
Ou perda de parentes, ou dissolução de sua riqueza,
Ou incêndio em suas casas que queimam em chamas;
Com a dissolução de seu corpo vai este tolo ao estado
de infortúnio.

141. Não o andar nu nem o ter os cabelos emaranhados,
nem a imundície,
Nem o jejum, nem o dormir no chão,
E o cobrir-se de cinzas, e o acocorar-se sobre os
calcanhares[38],
Purificam o mortal que não está da dúvida liberto.

142. Aquele que, embora adornado, viver em tranqüilidade,
For calmo, casto, subjugado e autocontrolado,
E tenha, para com todos os seres, deixado a vara
de lado,
Ele é deveras um brâmane, ele é um asceta[39], ele é
um bikshu[40].

143/ *hirīnisedho puriso*
(a) *koci lokasmi vijjati*
143 *yo nindaṃ appabodhati*
(b) *asso bhadro kasām iva.*
asso yathā bhadro kasāniviṭṭho
ātāpino saṃvegino bhavātha.

144. *saddhāya sīlena ca viriyena ca*
samādhinā dhammavinicchayena ca
sampannavijjācaraṇā patissatā
pahassatha dukkham idaṃ anappakaṃ.

145. *udakaṃ hi nayanti nettikā*
usukārā namayanti tejanaṃ
dāruṃ namayanti tacchakā
attānaṃ damayanti subbatā.

143 (a) Haverá neste mundo um homem qualquer que, de tão
refreado pela modéstia,
143 (b) Nunca provoque a censura como um cavalo bem
adestrado o chicote?
À maneira d'um cavalo adestrado tocado pelo chicote,
Sejam assim ardentes e veementes.

144. Pela confiança e pela virtude e pelo esforço,
Pela concentração[41] e pela investigação do Darma,
Pela possessão de (bom) conhecimento e conduta[42],
e atentos sendo,
Livrem-se deste grande sofrimento[37].

145. Os construtores-de-canais conduzem a água,
Os fazedores-de-flechas endireitam a haste,
Os carpinteiros trabalham a madeira;
Os virtuosos domam a si mesmos[43].

XI. JARĀVAGGA

146. *ko nu hāso kim ānando*
niccaṃ pajjalite sati,
andhakārena onaddhā
padīpaṃ nagavessatha.

147. *passa cittakataṃ bimbaṃ*
arukāyaṃ samussitaṃ
āturaṃ bahusaṃkappaṃ
yassa n' atthi dhuvaṃ ṭhiti.

148. *parijiṇṇam idaṃ rūpaṃ*
roganiḍḍaṃ pabhaṃguraṃ,
bhijjati pūtisandeho
maraṇantaṃ hi jīvitaṃ.

149. *yān' imāni apatthāni*
alāpūn' eva sārade
kāpotakāni aṭṭhīni
tāni disvāna kā rati.

XI. DA VELHICE

146. Por que o riso, por que a alegria, quando (tudo)
 está permanentemente ardendo?
 Envoltos pelas trevas, uma luz não buscareis?

147. Observe esta imagem adornada, um corpo cheio
 de feridas, composto,
 Enfermo, e tomado de muitos pensamentos, no
 qual não há estabilidade nem firmeza.

148. Decrépito é este corpo, um ninho de doenças,
 perecível;
 Desagrega-se essa massa pútrida; em verdade,
 na morte a vida termina.

149. Quais cabaças no outono abandonadas são esses
 Ossos esbranquiçados. Que prazer poderá haver
 em neles olhar?

150. *aṭṭhīnaṃ nagaraṃ kataṃ*
maṃsalohitalepanaṃ
yattha jarā ca maccu ca
māno makkho ca ohito.

151. *jīranti ve rājarathā sucittā*
atho sarīram pi jaraṃ upeti
satañ ca dhammo na jaraṃ upeti
santo have sabbhi pavedayanti.

152. *appassutāyaṃ puriso*
balivaddo va jīrati,
maṃsāni tassa vaḍḍhanti
paññā tassa na vaḍḍhati.

153. *anekajāti saṃsāraṃ*
sandhāvissaṃ anibbisaṃ
gahakārakaṃ gavesanto,
dukkhā jāti punappunaṃ.

150. De ossos esta cidadela é feita, emplastrada de carne
e sangue,
Na qual estão depositados orgulho e hipocrisia,
velhice e morte.

151. Deveras, as ornamentadas carruagens dos reis se
desgastam;
Assim também o corpo chega à velhice.
Mas a virtude dos bons não se desgasta –,
Os bons homens certamente são (assim) pelos bons
instruídos.

152. O homem de pouco saber à maneira d'um boi
envelhece:
Seu peso[44] aumenta, mas sua sabedoria não cresce.

153. Inúmeros nascimentos atravessei na ronda das
repetidas existências, procurando,
Mas não achando, o construtor-da-casa.
Quão doloroso é nascimento vez pós vez!

154. *gahakāraka diṭṭho si*
puna gehaṃ na kāhasi,
sabbā te phāsukā bhaggā
gahakūṭaṃ visaṃkhitaṃ,[20]
visaṃkhāragataṃ cittaṃ
taṇhānaṃ khayam ajjhagā.

155. *acaritvā brahmacariyaṃ*
aladdhā yobbane dhanaṃ
jiṇṇakoñcā va jhāyanti
khīṇamacche va pallale.

156. *acaritvā brahmacariyaṃ*
aladdhā yobbane dhanaṃ
senti cāpātikhīṇa va
purāṇāni anutthunaṃ.

20. PTS *sabbā ete...*

154. Ó construtor-da-casa! Agora foste visto; não
construirás a casa outra vez.
Quebradas estão todas as tuas vigas, demolida está
tua cumeeira.
Vindo a realizar o despojamento de todas as coisas
materiais, minha mente alcançou o fim de todos
os anelos[45].

155. Não tendo praticado uma vida casta, não tendo
adquirido na juventude riquezas[46],
Os homens perecem quais velhas garças numa
lagoa sem peixes.

156. Não tendo praticado uma vida casta, não tendo
adquirido na juventude riquezas,
Os homens ficam quais arcos quebrados, o
passado deplorando.

XII. ATTAVAGGA

157. *attānañ ce piyaṃ jaññā*
rakkheyya naṃ surakkhitaṃ,
tiṇṇaṃ aññataraṃ yāmaṃ
paṭijaggeyya paṇḍito.

158. *attānam eva paṭhamaṃ*
patirūpe nivesaye,
ath' aññam anusāseyya,
na kilisseyya paṇḍito.

159. *attānañ ce tathā kayirā*
yath' aññam anusāsati
sudanto vata dametha,
attā hi kira duddamo.

160. *attā hi attano nātho,*
ko hi nātho paro siyā;
attanā hi sudantena
nāthaṃ labhati dullabhaṃ.

XII. DO EU[47]

157. Se alguém tem estima por si mesmo, que ele a si
proteja se guardando;
Durante uma das três vigílias[48], que se mantenha
vigilante o sábio.

158. Que alguém estabeleça primeiramente a si próprio no
que é correto,
E só então os outros instrua. (Assim) fazendo, o sábio
não se corromperá.

159. Se um homem fizer ele próprio assim como aos outros
ensina,
Sendo ele bem-subjugado, poderá em verdade (os
outros) domar; porque o eu é verdadeiramente
difícil de domar.

160. Porque o eu é protetor do eu; na verdade, que outro
protetor poderia haver?
Porquanto, com seu bem-subjugado eu uma pessoa
ganha um protetor difícil de obter.

161. *attanā va kataṃ pāpaṃ*
attajaṃ attasambhavaṃ
abhimatthati dummedhaṃ
vajiraṃ v' asmamayaṃ maṇiṃ.[21]

162. *yassa accantadussīlyaṃ*
māluvā sālam iv' otataṃ
karoti so tath' attānaṃ
yathā naṃ icchatī diso.

163. *sukarāni asādhūni*
attano ahitāni ca,
yaṃ ve hitañ ca sādhuñ ca
taṃ ve paramadukkaraṃ.

164. *yo sāsanaṃ arahataṃ*
ariyānaṃ dhammajīvinaṃ
paṭikkosati dummedho
diṭṭhiṃ nissāya pāpikaṃ
phalāni kaṭṭhakass' eva
attaghaññāya phallati.

---

21. PTS *v'amhamayaṃ*

161. O mal cometido pelo próprio eu, gerado pelo eu,
originado no eu,
Tritura o tolo assim como o diamante a gema dura.

162. Aquele cuja iniqüidade é excessiva, como a trepadeira
envolvendo a árvore *sāla*,
Faz a si desta maneira aquilo que seu inimigo lhe
deseja.

163. Maus (feitos) e o que é prejudicial a si próprio
é fácil de fazer;
Mas aquilo que é bom e salutar, isto é deveras
muito difícil de fazer.

164. Aquele simplório que o ensinamento dos *Arahats,* dos
nobres, dos virtuosos,
Ultraja em razão de seus pontos de vista errôneos,
Dá frutos para sua própria destruição como o
bambu seus frutos.

165. *attanā va kataṃ pāpaṃ*
attanā saṃkilissati,
attanā akataṃ pāpaṃ
attanā va visujjhati,
suddhi asuddhi paccattaṃ
nāñño aññaṃ visodhaye.

166. *attadatthaṃ paratthena*
bahunā pi na hāpaye,
attadattham abhiññāya
sadatthapasuto siyā.

165. Por si mesmo é, na verdade, o mal feito; por si mesmo
alguém se contamina.
Por si mesmo o mal é deixado de ser feito; por si
mesmo, na verdade, alguém se purifica.
Pureza e impureza (dependem) de si mesmo;
ninguém pode a um outro purificar.

166. Que a pessoa não negligencie seu próprio bem (moral)
pelo bem do outro, por maior (que seja);[49]
Conhecendo seu próprio bem, que ao bem-estar
devotado esteja.

XIII. LOKAVAGGA

167. *hīnaṃ dhammaṃ na seveyya*
pamādena na saṃvase
micchādiṭṭhiṃ na seveyya
na siyā lokavaḍḍhano.

168. *uttiṭṭhe na-ppamajjeyya*
dhammaṃ sucaritaṃ care,
dhammacārī sukhaṃ seti
asmiṃ loke paramhi ca.

169. *dhammaṃ care sucaritaṃ*
na naṃ duccaritaṃ care,
dhammacārī sukhaṃ seti
asmiṃ loke paramhi ca.

170. *yathā bubbulakaṃ passe*
yathā passe marīcikaṃ
evaṃ lokaṃ avekkhantaṃ
maccurājā na passati.

XIII. DO MUNDO

167. Que o homem não sirva aos fins indignos, que ele não viva em remissão;
Que o homem não siga pontos de vista falsos, que ele não seja do mundo a sustentação.

168. Que o homem se esforce; que ele esteja livre de intoxicação, que ele viva na prática da retidão.
Vivendo na virtude, vive ele na felicidade, neste e noutro mundo.

169. Que o homem viva na prática da retidão, que ele não viva naquela de corrupção.
Vivendo na virtude, vive ele na felicidade, neste e noutro mundo.

170. Que alguém o veja como uma bolha (de sabão), que alguém o veja como uma miragem.
Quem assim olhar o mundo, o Rei da Morte não vê.

171. *etha passath' imaṃ lokaṃ*
cittaṃ rājarathūpamaṃ
yattha bālā visīdanti,
n' atthi saṅgo vijānataṃ.

172. *yo ca pubbe pamajjitvā*
pacchā so na-ppamajjati
so 'maṃ lokaṃ pabhāseti
abbhā mutto va candimā.

173. *yassa pāpaṃ kataṃ kammaṃ*
kusalena pithīyati
so 'maṃ lokaṃ pabhāseti
abbhā mutto va candimā.

174. *andhabhūto ayaṃ loko*
tanuk' ettha vipassati,
sakunto jālamutto va
appo saggāya gacchati.

175. *haṃsādiccapathe yanti*
ākāse yanti iddhiyā
nīyanti dhīrā lokamhā
jetvā Māraṃ savāhanaṃ.

171. Venham, olhem este mundo que se semelha a uma
cintilante carruagem real;
Nele os tolos afundam, mas para os discernidores
apego (nele) não há.

172. Aquele que, tendo sido antes negligente, após
torna-se diligente,
Ele este mundo ilumina, qual lua das nuvens liberta.

173. Aquele cuja má ação feita cobre com boa ação,
Ele este mundo ilumina, qual lua das nuvens liberta.

174. Cego tem sido este mundo; poucos são os que aqui
com clareza vêem;
Como pássaros libertos do cativeiro, são escassos
os que vão ao céu.

175. Vão os cisnes na trilha do sol, com seu poder mágico
o espaço atravessam;[50]
Tendo conquistado *Māra* e suas hostes[51], os sábios
deste mundo se separam.

176. *ekaṃ dhammaṃ atītassa*
musāvādissa jantuno
vitiṇṇaparalokassa
n' atthi pāpaṃ akāriyaṃ.

177. *na ve kadariyā devalokaṃ vajanti*
bālā have na-ppasaṃsanti dānaṃ,
dhīro ca dānaṃ anumodamāno
ten' eva so hoti sukhī parattha.

178. *pathavyā ekarajjena*
saggassa gamanena vā
sabbalokādhipaccena
sotāpattiphalaṃ varaṃ.

176. A pessoa que transgride um só preceito, que profere
falsidades,
Que é indiferente ao mundo além –, não há mal
que ele não possa fazer.

177. Em verdade, os avarentos ao mundo dos devas
não vão;
Os tolos caridade certamente não prezam;
Mas o sábio na liberalidade se compraz,
E por meio dela, no outro mundo, feliz se faz.

178. O exclusivo reinado da terra; a ida ao céu;
O domínio sobre todos os mundos –, melhor que
estes é a recompensa da Entrada na Corrente[52].

XIV. BUDDHAVAGGA

179. *yassa jitaṃ n' āvajīyati*
jitaṃ assa no yāti koci loke,
taṃ buddham anantagocaraṃ[22]
apadaṃ kena padena nessatha.

180. *yassa jālinī visattikā*
taṇhā n' atthi kuhiñci netave
taṃ buddham anantagocaraṃ
apadaṃ kena padena nessatha.

181. *ye jhānapasutā dhīrā*
nekkhammūpasame ratā
devā 'pi tesaṃ pihayanti
sambuddhānaṃ satīmataṃ.

182. *kiccho manussapaṭilābho,*
kicchaṃ maccāna jīvitaṃ,
kicchaṃ saddhammasavanaṃ
kiccho Buddhānam uppādo.[23]

---

22. PTS *tam*

23. Leitura alternativa: *uppado*

XIV. DO BUDA (O ILUMINADO[53])

179. Aquele que sua vitória novamente não conquista, cuja
vitória ninguém alcança neste mundo,
Ele, o Buda, de esfera ilimitada e sem rasto, por que
trilha vós podereis (da sua conquista) afastá-lo?

180. Naquele em quem não há o desejo sedutor, envolvente,
que possa para qualquer lugar desviá-lo,
Ele, o Buda, de esfera ilimitada e sem rasto, por que
trilha vós podereis (da sua conquista) afastá-lo?

181. Aqueles que são dados à meditação, que são firmes,
que na paz do retiro se deleitam,
Estes seres plenamente atentos e perfeitamente
iluminados, até mesmo os devas invejam.

182. Raro é o nascimento como ser humano, difícil é a vida
dos mortais;
Difícil é ouvir o sublime Darma, raro é o aparecimento
de Budas.

183. *sabbapāpassa akaraṇaṃ*
kusalassa upasampadā
sacittapariyodapanaṃ
etaṃ Buddhāna sāsanaṃ.

184. *khantī paramaṃ tapo titikkhā,*
nibbānaṃ paramaṃ vadanti Buddhā,
na hi pabbajito parūpaghātī
samaṇo hoti paraṃ viheṭhayanto.

185. *anupavādo anupaghāto*
pātimokkhe ca saṃvaro
mattaññutā ca bhattasmiṃ
pantañ ca sayanāsanaṃ
adhicitte ca āyogo
etaṃ Buddhāna sāsanaṃ.

186/ *na kahāpaṇavassena*
187 *titti kāmesu vijjati,*
"appassādā dukhā kāmā"
iti viññāya paṇḍito.
api dibbesu kāmesu
ratiṃ so n' ādhigacchati,
taṇhakkhayarato hoti
sammāsambuddhasāvako.

183. Não feitura de qualquer mal, o cultivo do bem,
A purificação do próprio coração – este é o
ensinamento dos Budas.

184. Paciência e aturamento são a mais alta prática ascética;
"Nirvana é supremo", dizem os Budas.
Em verdade, aquele que injuria a outros não é um
recluso, nem o que fere outros é um asceta[39].

185. Não insultar nem injuriar, e continência conforme
Código Disciplinar[54],
E moderação no comer, e morar em reclusão,
E empenho em enlevada contemplação – este é o
ensinamento dos Budas.

186/ Nem com uma ducha de moedas d'ouro se acha para
187. os prazeres sensuais satisfação;
"São de gozo curto e dolorosos",
tendo o inteligente assim entendido,
Mesmo em prazeres celestiais encanto ele não acha.
Na destruição do desejo se deleita o discípulo do
Plenamente Iluminado.

188. *bahuṃ ve saranaṃ yanti*
pabbatāni vanāni ca
ārāmarukkhacetyāni
manussā bhayatajjitā.

189. *n' etaṃ kho saraṇaṃ khemaṃ,*
n' etaṃ saraṇam uttamaṃ,
n' etaṃ saraṇam āgamma,[24]
sabbadukkhā pamuccati.

190/ *yo ca Buddhañ ca Dhammañ ca*
191. *Saṃghañ ca saraṇaṃ gato*
cattāri ariyasaccāni
sammappaññāya passati:
dukkhaṃ dukkhasamuppādaṃ
dukkhassa ca atikkamaṃ
ariyañ c' aṭṭhaṅgikaṃ maggaṃ
dukkhūpasamagāminaṃ.

192. *etaṃ kho saraṇaṃ khemaṃ*
etaṃ saraṇam uttamaṃ
etaṃ saraṇam āgamma
sabbadukkhā pamuccati.[25]

---

24. PTS *saranaṃ*

25. Veja nota anterior.

188. A uns tantos refúgios as pessoas vão – às montanhas
e florestas,
Aos jardins, e árvores, e santuários – quando de medo
elas são tomadas.

189. Este, na verdade, não é um seguro refúgio, este não é
o melhor refúgio;
O homem não se liberta de todos os males
tendo vindo a este refúgio.

190/ Aquele que tenha ido ao Buda, ao Darma e à Ordem
191. como refúgio[55],
Vê com plena sabedoria as Quatro Nobres Verdades[56]:
O sofrimento, a origem do sofrimento, a cessação do
sofrimento,
E o Nobre Caminho Óctuplo que conduz à cessação
do sofrimento.

192. Este, na verdade, é um seguro refúgio, este é o melhor
refúgio;
O homem se liberta de todos os males
tendo vindo a este refúgio.

193. *dullabho purisājañño*
na so sabbattha jāyati,
yattha so jāyatī dhīro
taṃ kulaṃ sukkham edhati.

194. *sukho Buddhānaṃ uppādo*
sukhā saddhammadesanā
sukhā saṃghassa sāmaggī
samaggānaṃ tapo sukho.

195/ *pūjārahe pūjayato*
196. *Buddhe yadi va sāvake*
papañcasamatikkante
tiṇṇasokapariddave.
te tādise pūjayato
nibbute akutobhaye
na sakkā puññaṃ saṃkhātuṃ
im' ettam api kena ci.

193. Difícil é achar um homem de nobre estirpe: ele não
nasce em qualquer lugar;
Onde quer que um tal sábio nasça, esta casa feliz
prospera.

194. Feliz é o aparecimento d'um Buda; feliz é o
ensinamento do bom Darma;
Feliz é a unidade da Ordem; feliz é a devoção dos que
em harmonia vivem.

195/ Aquele que honra os que honra merecem, sejam
196. Budas ou discípulos –,
Estes que superaram os males e escaparam da dor
e lamentação –,
Ele que honra aos tais libertos e destemidos,
Não pode seu mérito por ninguém ser calculado.

XV. SUKHAVAGGA

197. *susukhaṃ vata jīvāma*
verinesu averino,
verinesu manussesu
viharāma averino.

198. *susukhaṃ vata jīvāma*
āturesu anāturā,
āturesu manussesu
viharāma anāturā.

199. *susukhaṃ vata jīvāma*
ussukesu anussukā,
ussukesu manussesu
viharāma anussukā.

200. *susukhaṃ vata jīvāma*
yesan no n' atthi kiñcanaṃ,
pītibhakkhā bhavissāma
devā ābhassarā yathā.

XV. DA FELICIDADE[57]

197. Oh! Vivemos bem felizes, sem ódio no meio dos
odientos;
Entre os homens odientos, livres de ódio nós
moramos.

198. Oh! Vivemos bem felizes, sem moléstias no meio dos
adoentados;
Entre os homens adoentados, livres de moléstias
nós moramos.

199. Oh! Vivemos bem felizes, sem ânsias no meio dos
ansiosos;
Entre os homens ansiosos, livres de ânsias nós
moramos.

200. Oh! Vivemos bem felizes, nós que naḍa temos;
Seremos com a alegria alimentados, como os devas
do mundo Ābhassara[58].

201. *jayaṃ veraṃ pasavati*
dukkhaṃ seti parājito,
upasanto sukhaṃ seti
hitvā jayaparājayaṃ.

202. *n' atthi rāgasamo aggi,*
n' atthi dosasamo kali,
n' atthi khandhādisā dukkhā,
n' atthi santiparaṃ sukhaṃ.

203. *jighacchā paramā rogā,*
saṃkhārā paramā dukhā,
etaṃ ñatvā yathābhūtaṃ
nibbānaṃ paramaṃ sukhaṃ.

204. *ārogyaparamā lābhā,*
santuṭṭhī paramaṃ dhanaṃ,[26]
vissāsaparamā ñātī,
nibbānaṃ paramaṃ sukhaṃ.

205. *pavivekarasaṃ pītvā*
rasaṃ upasamassa ca
niddaro hoti nippāpo
dhammapītirasaṃ pivaṃ.

---

26. PTS *santuṭṭhi*

201. A vitória gera o ódio, em sofrimento jaz o derrotado;
O sereno jaz em felicidade, tendo vitória e derrota
abandonado.

202. Não há fogo parecido à paixão,
Não há demérito parecido ao ódio;
Não há sofrimento parecido aos agregados (do ser)[59],
Não há felicidade parecida à suprema tranqüilidade.

203. Fome é a maior das enfermidades,
As formações mentais[60], a maior das dores;
Para aquele que isto tenha compreendido conforme
a realidade,
O Nirvana é a mais elevada felicidade.

204. A saúde é o melhor dos ganhos, o contentamento é
a maior riqueza,
A confiança é o melhor dos parentes, o Nirvana é
a mais elevada felicidade.

205. Tendo delibado a essência da solidão e
tranqüilidade,
Torna-se ele livre da angústia e mácula, delibando
a essência da alegria da Verdade.

206/ *sādhu dassanam ariyānam*
207. *sannivāso sadā sukho,*
adassanena bālānaṃ
niccam eva sukhī siyā.
bālasaṅgatacārī hi
dīgham addhāna socati,
dukkho bālehi saṃvāso
amitten' eva sabbadā,
dhīro ca sukhasaṃvāso
ñātīnaṃ va samāgamo.
tasmā hi:

208. *dhīrañ ca paññañ ca bahussutañ ca*
dhorayhasīlaṃ vatavantam āriyaṃ
taṃ tādisaṃ sappurisaṃ sumedhaṃ
bhajetha nakkhattapathaṃ va candimā.

206/ Boa é a vista que se tem dos nobres, associar-se a
207. eles é sempre felicidade;
Não vendo os tolos, pode alguém sempre ser feliz.
Porque aquele que convive com tolos aflige-se longo tempo:
Penosa é sempre a associação com tolos, como o é com um inimigo;
Mas feliz é a associação com um sábio[61], como com parentes o intercurso.

208. O resoluto, o sábio, o instruído,
O aturador, o obediente, o nobre –,
Ao tal homem virtuoso e inteligente
Segui, como a lua a trilha das estrelas.

XVI. PIYAVAGGA

209. *ayoge yuñjam attānaṃ*
yogasmiñ ca ayojayaṃ[27]
atthaṃ hitvā piyaggāhī
pihet' attānuyoginaṃ.

210. *mā piyehi samāgañchi*
appiyehi kudācanaṃ,
piyānaṃ adassanaṃ dukkhaṃ
appiyānañ ca dassanaṃ.

211. *tasmā piyaṃ na kayirātha*
piyāpāyo hi pāpako,
ganthā tesaṃ na vijjanti
yesaṃ n' atthi piyāppiyaṃ.

212. *piyato jāyatī soko*
piyato jāyatī bhayaṃ,
piyato vippamuttassa
n' atthi soko kuto bhayaṃ.

---

27. "so" metri causa.

XVI. DO (QUE É) QUERIDO

209. Aquele que se entrega à distração (da mente) e não
se devota à prática da concentração,
Renunciando à meta e agarrando-se ao que lhe é
caro – acaba invejando os praticantes de meditação.

210. Não vos ligueis às coisas que são queridas, nem jamais
àquelas que são detestadas;
Não ver as coisas que são queridas é sofrimento, como
é o ver as que são detestadas.

211. Portanto, não tenhais nada como caro, porque é
um mal a perda do que é caro.
Para aqueles, liames não existem, aos quais nada
é caro ou detestado.

212. Da querença nasce a tristeza, da querença nasce
o medo;
Para aquele da querença liberto tristeza não há,
muito menos o medo.

213. *pemato jāyatī soko*
pemato jāyatī bhayaṃ,
pemato vippamuttassa
n' atthi soko kuto bhayaṃ.

214. *ratiyā jāyatī soko*
ratiyā jāyatī bhayaṃ,
ratiyā vippamuttassa
n' atthi soko kuto bhayaṃ.

215. *kāmato jāyatī soko*
kāmato jāyatī bhayaṃ,
kāmato vippamuttassa
n' atthi soko kuto bhayaṃ.

216. *taṇhāya jāyatī soko*
taṇhāya jāyatī bhayaṃ,
taṇhāya vippamuttassa
n' atthi soko kuto bhayaṃ.

217. *sīladassanasampannaṃ*
dhammaṭṭhaṃ saccavādinaṃ
attano kamma kubbānaṃ
taṃ jano kurute piyaṃ.

213. Do afeto nasce a tristeza, do afeto nasce o medo;
Para aquele do afeto liberto tristeza não há, muito
menos o medo.

214. Do aprazimento nasce a tristeza, do aprazimento nasce
o medo;
Para aquele do aprazimento liberto tristeza não há,
muito menos o medo.

215. Do amor nasce a tristeza, do amor nasce o temor;
Para aquele do amor liberto tristeza não há,
muito menos o temor.

216. Do anelo nasce a tristeza, do anelo nasce o medo;
Para aquele do anelo liberto tristeza não há,
muito menos o medo.

217. Aquele que é dotado de visão e virtude, que é
estabelecido no Darma, que fala a verdade,
E que de seus afazeres apenas faz caso, a este o
mundo considera caro.

218. *chandajāto anakkhāte*
manasā ca phuṭo siyā
kāmesu ca appaṭibaddhacitto
uddhaṃsoto ti vuccati.

219/ *cirappavāsiṃ purisaṃ*
220. *dūrato sotthim āgataṃ*
ñātimittā suhajjā ca
abhinandanti āgataṃ.
tath' eva katapuññam pi
asmā lokā paraṃ gataṃ
puññāni paṭigaṇhanti
piyaṃ ñāti va āgatam.

218. Aquele no qual tenha nascido aspiração pelo Inefável[62],
e tenha sua mente por este impregnada,
E não tenha seu coração aos prazeres amarrado, ele
chama-se "alguém que ascende a corrente"
(da vida)[63].

219/ Um homem há tempos ausente e retornando de longe
220. são e salvo,
Parentes, amigos e bem-intencionados dão-lhe as
boas-vindas no seu retorno;
Assim também o que tenha feito boas obras e
tenha ido deste mundo ao outro,
Suas boas obras o acolhem como parentes a um
querido no seu retorno.

XVII. KODHAVAGGA

221. *kodhaṃ jahe vippajaheyya mānaṃ*
saññojanaṃ sabbam atikkameyya
taṃ nāmarūpasmiṃ asajjamānaṃ
akiñcanaṃ nānupatanti dukkhā.

222. *yo ve uppatitaṃ kodhaṃ*
rathaṃ bhantaṃ va dhāraye
tam ahaṃ sārathiṃ brūmi,
rasmiggāho itaro jano.

223. *akkodhena jine kodhaṃ*
asādhuṃ sādhunā jine,
jine kadariyaṃ dānena
saccenālikavādinaṃ.

224. *saccaṃ bhaṇe na kujjheyya*
dajjā appasmi yācito
etehi tīhi ṭhānehi
gacche devāna santike.

XVII. DA CÓLERA

221. Que o homem renuncie à cólera, que ele abandone
o orgulho,
Que ele subjugue os grilhões todos;
Não estando ele apegado à mente e corpo[64],
E não possuindo nada, não lhe sobrevém
sofrimento.

222. Deveras, aquele que freia a cólera como a um
carro desgovernado,
A ele cocheiro eu chamo; a outra gente (meramente)
segura as rédeas.

223. Que se conquiste a cólera pela doçura, que se
conquiste o mal pelo bem,
Que se conquiste a avareza pela liberalidade, e a
falsa palavra pela verdade.

224. Que um homem a verdade fale; que ele não se zangue;
quando solicitado, mesmo pouco, que ele dê;
Por estas três condições ele poderá à presença dos
devas dirigir-se.

225. *ahiṃsakā ye munayo*
niccaṃ kāyena saṃvutā
te yanti accutaṃ ṭhānaṃ
yattha gantvā na socare.

226. *sadā jāgaramānānaṃ*
ahorattānusikkhinaṃ
nibbānaṃ adhimuttānaṃ
atthaṃ gacchanti āsavā.

227/ *porāṇam etaṃ Atula*
228. *n' etaṃ ajjatanām iva:*
nindanti tuṇhiṃ āsīnaṃ
nindanti bahubhāṇinaṃ
mitabhāṇinam pi nindanti,
n' atthi loke anindito.
na cāhu na ca bhavissati
na c' etarahi vijjati
ekantaṃ nindito poso
ekantaṃ vā pasaṃsito.

229/ *yañ ce viññū pasaṃsanti*
230. *anuvicca suve suve*
acchiddavuttiṃ medhāviṃ
paññāsīlasamāhitaṃ.

225. Aqueles homens sapientes que são inofensivos,
e em corpo são sempre contidos,
Tais vão a um perpétuo estado e não se lamentam
lá tendo ido.

226. Aqueles que são sempre vigilantes, que estudam
noite e dia,
Que estão inclinados ao Nirvana – seus cancros
perecerão.

227/ Isto é (um dito) antigo, ó Atula[65], isto não é de hoje só:
228. "Criticam os que sentam em silêncio, criticam os
que falam em excesso,
Criticam também os que falam com comedimento".
Não há no mundo (ninguém) não criticado.
Nunca houve, e não haverá, e nem se conhece agora,
Um homem que seja completamente censurado, ou
de todo elogiado.

229/ Mas aquele que os discernidores elogiam, seguindo-lhe
230. os passos dia-a-dia
Como sendo livre de falhas, inteligente, e em virtude e
conhecimento estabelecido –,

nekkhaṃ jambonadass' eva
ko taṃ ninditum arahati,
devā pi naṃ pasaṃsanti,
Brahmunā pi pasaṃsito.

231. *kāyappakopaṃ rakkheyya*
kāyena saṃvuto siyā,
kāyaduccaritaṃ hitvā
kāyena sucaritaṃ care.

232. *vacīpakopaṃ rakkheyya*
vācāya saṃvuto siyā,
vacīduccaritaṃ hitvā
vācāya sucaritaṃ care.

233. *manopakopaṃ rakkheyya*
manasā saṃvuto siyā,
manoduccaritaṃ hitvā
manasā sucaritaṃ care.

234. *kāyena saṃvutā dhīrā*
atho vācāya saṃvutā
manasā saṃvutā dhīrā
te ve suparisaṃvutā.

Quem se digna censurar a este que é qual ouro do rio
Jambú refinado?
Mesmo os devas louvam-no, pelo Brahmā[66] também
é ele louvado.

231. Que o homem se precavenha da irritação do corpo,
que ele seja no corpo controlado;
Tendo a má conduta do corpo abandonado, que ele
pratique a boa conduta do corpo.

232. Que o homem se precavenha da irritação da língua,
que ele seja controlado na língua;
Tendo a má conduta na fala abandonado, que ele
pratique na fala a boa conduta.

233. Que o homem se precavenha da irritação da mente,
que ele seja controlado na mente;
Tendo a má conduta na mente abandonado, que ele
pratique a boa conduta na mente.

234. Os sábios são em ação controlados, e na fala eles
são controlados,
Os sábios na mente são controlados; deveras eles
são plenamente controlados.

XVIII. MALAVAGGA

235/ *paṇḍupalāso va dāni si*
236. *Yamapurisā pi ca taṃ upaṭṭhitā,*
yyogamukhe ca tiṭṭhasi
pātheyyam pi ca te na vijjati.
so karohi dīpam attano
khippaṃ vāyama paṇḍito bhava,
niddhantamalo anaṅgaṇo
dibbaṃ ariyabhūmim ehisi.

237/ *upanītavayo va dāni si*
238. *sampayāto si Yamassa santike,*
vāso pi ca te n' atthi antarā
pātheyyam pi ca te na vijjati.
so karohi dīpam attano
khippaṃ vāyama paṇḍito bhava,
niddhantamalo anaṅgaṇo
na punaṃ jātijaraṃ upehisi.

239. *anupubbena medhāvī*
thokathokaṃ khaṇe khaṇe
kammāro rajatass' eva
niddhame malam attano.

XVIII. DA IMPUREZA

235/ Tu estás agora como uma folha seca, e também os
236. mensageiros do Rei da Morte[67] estão à tua espera;
E tu permaneces no limiar da partida, e também
provisão para tua (jornada) não há;
Faze de ti próprio uma ilha, empenha-te célere, sê
inteligente!
Removida a impureza e liberto da paixão, alcançarás o
celestial estágio dos Nobres[68].

237/ E tu estás agora no fim da tua vida, e chegado estás à
238. presença do Rei da Morte;
E também a caminho não há para ti paragem, e
também provisão para tua (jornada) não há;
Faze de ti próprio uma ilha, empenha-te célere, sê
inteligente!
Removida a impureza e liberto da paixão, não te
submeterás de novo ao nascimento e morte.

239. Que o sábio gradualmente, pouco a pouco,
de tempo em tempo,
Remova sua própria impureza, como o ourives
a da prata.

240. *ayasā va malaṃ samuṭṭhitaṃ*
taduṭṭhāya tam eva khādati
evaṃ atidhonacārinaṃ
sakakammāni nayanti duggatiṃ.

241. *asajjhāyamalā mantā,*
anuṭṭhānamalā gharā,
malaṃ vaṇṇassa kosajjaṃ,
pamādo rakkhato malaṃ.

242. *mal' itthiyā duccaritaṃ,*
maccheraṃ dadato malaṃ,
malā ve pāpakā dhammā
asmiṃ loke paramhi ca.

243. *tato malā malataraṃ*
avijjā paramaṃ malaṃ,
etaṃ malaṃ pahatvāna
nimmalā hotha bhikkhavo.

240. Assim como impureza surgida do ferro, tão cedo tenha
sido produzida, o corrói,
Assim mesmo as más ações conduzem o transgressor
ao estado de infortúnio.

241. Não-repetição é a impureza dos mantras[69], inatividade
é a impureza das casas,
Da compleição a impureza é indolência, e do vigia
a impureza é a negligência.

242. Má conduta é mancha na mulher, avareza é mancha
no doador;
Os maus caminhos são, em verdade, máculas neste
e noutro mundo.

243. Há pior impureza, porém, do que estas impurezas:
a ignorância[70] é a maior impureza.
Tornem-se imaculados, ó bikshus, abandonando
esta impureza!

244/ *sujīvaṃ ahirīkena*
245. *kākasūrena dhaṃsinā*
pakkhandinā pagabbhena
saṃkiliṭṭhena jīvitaṃ.
hirīmatā ca dujjīvaṃ
niccaṃ sucigavesinā
alīnen' appagabbhena
suddhājīvena passatā.

246/ *yo pāṇaṃ atimāpeti*
247. *musāvādañ ca bhāsati*
loke adinnam ādiyati
paradārañ ca gacchati.
surāmerayapānañ ca
yo naro anuyuñjati
idh' evam eso lokasmiṃ
mūlaṃ khanati attano.

248. *evaṃ bho purisa jānāhi:*
pāpadhammā asaññatā,
mā taṃ lobho adhammo ca
ciraṃ dukkhāya randhayuṃ.

244/ A vida é fácil de viver para o desavergonhado,
245. o maledicente, o atrevido qual corvo,
O jactancioso, o insolente, o impuro;
Mas difícil é a vida para o que procura sempre a pureza,
O desapegado, o modesto, o de irrepreensível conduta, o que tem visão.

246/ Aquele que destrói vida, e que fala mentira,
247. Que toma neste mundo o que não lhe é dado, e que vai à mulher d'outro;
E o homem que é dado a beber bebidas alcoólicas e licores,
Este um, neste mesmo mundo, sua própria raiz desenterra[71].

248. Sabe isto, ó homem, que más naturezas são intemperadas;
Não deixes que por longo tempo cobiça e iniqüidade ao sofrimento te sujeitem.

249. *dadāti ve yathāsaddhaṃ*
yathāpasādanaṃ jano,
tattha yo maṅku bhavati
paresaṃ pānabhojane
na so divā vā rattiṃ vā
samādhiṃ adhigacchati.

250. *yassa c' etaṃ samucchinnaṃ*
mūlaghaccaṃ samūhataṃ
sa ve divā vā rattiṃ vā
samādhiṃ adhigacchati.

251. *n' atthi rāgasamo aggi*
n' atthi dosasamo gaho
n' atthi mohasamaṃ jālaṃ
n' atthi taṇhāsamā nadī.

252. *sudassaṃ vajjaṃ aññesaṃ*
attano pana dūddasaṃ,
paresaṃ hi so vajjāni
opunāti yathā bhusaṃ,
attano pana chādeti
kaliṃ va kitavā saṭho.

249. Realmente o povo dá segundo sua fé, segundo seu
prazer;
Aquele que, neste caso, torna-se irritado pela comida e
bebida aos outros dadas,
Não adquire a plena concentração[72], nem de dia
e nem de noite.

250. Mas naquele em que este (sentimento) está extirpado,
desenraizado e removido,
Ele adquire a plena concentração, de dia e de noite.

251. Não há fogo parecido à paixão, não há amarra parecida
ao ódio,
Não há rede parecida à delusão, não há rio parecido
ao desejo.

252. A falta alheia é facilmente vista, difícil porém é ver
a própria;
Porque as faltas dos outros alguém joeira qual palha,
A própria, porém, ele esconde assim como o jogador
trapaceiro o (dado) de má sorte.

253. *paravajjānupassissa*
niccaṃ ujjhānasaññino
āsavā tassa vaḍḍhanti
ārā so āsavakkhayā.

254. *ākāse ca padaṃ n' atthi*
samaṇo n' atthi bāhiro,
papañcābhiratā pajā
nippapañcā tathāgatā.

255. *ākāse ca padaṃ n' atthi*
saṃano n' atthi bāhiro
saṃkhārā sassatā n' atthi
n' atthi buddhānam iñjitaṃ.

253. Naquele que repara nas faltas alheias, e é sempre
irascível,
Seus cancros aumentam, e ele está longe da
destruição dos cancros.

254. Não há trilha no espaço; não há asceta fora
(do Caminho).[73]
A humanidade compraz-se em atrasos,
os *Tathāgatas*[74] estão livres de atrasos.

255. Não há trilha no espaço; não há asceta fora
(do Caminho).
Não há formações condicionadas[60] que sejam eternas;
não há agitação nos Budas.

XIX. DHAMMAṬṬHAVAGGA

256/ *na tena hoti dhammaṭṭho*
257. *yen' atthaṃ sahasā naye,*
yo ca atthaṃ anatthañ ca
ubho niccheyya paṇḍito.
asāhasena dhammena
samena nayatī pare
dhammassa gutto medhāvī
dhammaṭṭho ti pavuccati.

258. *na tena paṇḍito hoti*
yāvatā bahu bhāsati,
khemī averī abhayo
paṇḍito ti pavuccati.

259. *na tāvatā dhammadharo*
yāvatā bahu bhāsati,
yo ca appam pi sutvāna
dhammaṃ kāyena passati
sa ve dhammadharo hoti
yo dhammaṃ na-ppamajjati.

XIX. DO JUSTO[75]

256/ O que conduz um caso arbitrariamente não se
257. torna desta maneira um justo;
Mas aquele que investiga ambos, o certo e o
errado, que é um instruído,
Que julga os outros corretamente, legalmente e
imparcialmente,
Que é protegido pelo Darma, e é inteligente –,
este sim é "justo" chamado.

258. O que fala muito nem por isso é um instruído;
O que é seguro, sem ódio e destemido, este sim
é chamado "instruído".

259. Não é porque fala muito que alguém é no Ensinamento
versado,
Mas aquele que avista o Ensinamento pelo seu
corpo[76], mesmo que pouco tenha ouvido,
E que o Ensinamento não negligencia, este deveras é
no Ensinamento versado.

260/ *na tena thero so hoti*
261. *yen' assa phalitaṃ siro,*[28]
paripakko vayo tassa
moghajiṇṇo ti vuccati.
yamhi saccañ ca dhammo ca
ahiṃsā saññamo damo
sa ve vantamalo dhīro
thero ti pavuccati.

262/ *na vākkaraṇamattena*
263. *vaṇṇapokkharatāya vā*
sādhurūpo naro hoti
issukī maccharī saṭho.
yassa c' etaṃ samucchinnaṃ
mūlaghaccaṃ samūhataṃ
sa vantadoso medhāvī
sādhurūpo ti vuccati.

264/ *na muṇḍakena samaṇo abbato alikaṃ bhaṇaṃ*
265. *icchālo bhasamāpanno samaṇo kiṃ bhavissati,*
yo ca sameti pāpāni
aṇuṃthūlāni sabbaso
samitattā hi pāpānaṃ
samaṇo ti pavuccati.

---

28. *"so" metri causa.*

260/ Não é porque sua cabeça é grisalha que ele é um
261. ancião[77];
(Embora) maduro de idade, ele é chamado
"envelhecido em vão".
Mas naquele que há verdade, virtude, bondade,
inofensividade, continência, temperança,
Que tem rejeitado a impureza e é resoluto, – este é de
fato "ancião" chamado.

262/ Não por mera eloqüência, nem pela beleza da
263. aparência,
Um homem que é invejoso, mesquinho e traiçoeiro,
se torna respeitado;
Mas naquele em que estes tenham sido extirpados,
desenraizados e removidos,
Que tenha rejeitado o ódio e é inteligente, –
este é chamado "respeitado".

264/ Não pela cabeça raspada, alguém que não observa os
265. votos religiosos e profere falsidades torna-se
um asceta[78];
Como é que este tomado de desejo e avidez será
um asceta?
Mas aquele que inteiramente aplaca as iniqüidades,
pequenas e grandes,
Porque o mal está aplacado, – "asceta" ele é chamado.

266/ *na tena bhikkhu so hoti yāvatā bhikkhate pare,*[29]
267. *vissaṃ dhammaṃ samādāya bhikkhu hoti na tāvatā,*
yo 'dha puññañ ca pāpañ ca
bāhetvā brahmacariyavā
saṃkhāya loke carati
sa ve bhikkhū ti vuccati.

268/ *na monena munī hoti mūḷharūpo aviddasu,*
269. *yo ca tulaṃ va paggayha varam ādāya paṇḍito*
pāpāni parivajjeti
sa munī tena so munī,
yo munāti ubho loke
munī tena pavuccati.

270. *na tena ariyo hoti*
yena pāṇāni hiṃsati,
ahiṃsā sabbapāṇānaṃ
ariyo ti pavuccati.

29. Idem à nota anterior.

266/ Ele que mendiga dos outros nem por isso é um bikshu,
267. Tendo adotado todo o Ensinamento nem por causa disso ele é um bikshu;
Aquele que tenha agora removido o bem e o mal, que leva uma vida religiosa,
Que anda sabiamente no mundo, – este deveras é "bikshu" chamado.

268/ O que é estúpido e ignorante não se torna pelo
269. silêncio um homem sapiente[79];
Mas aquele inteligente que, como que segurando uma balança, pesa o melhor
E descarta as coisas ruins, ele é um homem sapiente, é por isso mesmo sapiente.
Aquele que conhece ambos os mundos é chamado portanto "sapiente".

270. Um homem que injuria seres vivos não se torna desta maneira um nobre;
Mostrando-se inofensivo para com todos os seres vivos, ele é sim chamado "Nobre".

271/ *na sīlabbatamattena*
272. *bāhusaccena vā puna*
atha vā samādhilābhena
vivicca sayanena vā
phusāmi nekkhammasukhaṃ
aputhujjanasevitaṃ;
bhikkhu vissāsa māpādi
appatto āsavakkhayaṃ.

271/ Não pela prática moral, ou ademais pela abundante
272. instrução,
Nem mesmo pela obtenção da concentração[72], nem
pelo viver em solidão,
Eu alcanço o contentamento da emancipação não
gozado pelo mundano.
Ó bikshu, não sejas confiante (enquanto) não tenhas
obtido dos cancros a extinção.

XX. MAGGAVAGGA

273. *maggān' aṭṭhaṅgiko seṭṭho*
saccānaṃ caturo padā,
virāgo seṭṭho dhammānaṃ
dipadānañ ca cakkhumā.

274. *es' eva maggo n' atth' añño*
dassanassa visuddhiyā,
etaṃ hi tumhe paṭipajjatha,[30]
Mārass' etaṃ pamohanaṃ.

275. *etaṃ hi tumhe paṭipannā*
dukkhass' antaṃ karissatha,
akkhāto ve mayā maggo
aññāya sallasanthanaṃ.

276. *tumhehi kiccaṃ ātappaṃ,*
akkhātāro tathāgatā,
paṭipannā pamokkhanti
jhāyino Mārabandhanā.

---

30. Leitura alternativa: *etañhi*

XX. DO CAMINHO

273. Óctuplo é o melhor dos caminhos; das verdades, os
Quatro Enunciados[80];
Das qualidades a melhor é a ausência de paixão; e dos
bípedes, o que tem visão.

274. Certamente este é o único Caminho; não há outro
para a purificação da introvisão.
Andai por este! Isto será de *Māra* a confusão.

275. Porque vós andando neste (Caminho) poreis termo ao
sofrimento;
Deveras, após ter aprendido a remoção do espinho[81],
foi por mim ensinado este Caminho.

276. Vós sim é que deveis fazer um esforço; os *Tathāgatas*
são (apenas) preceptores.
Andando (no Caminho) os meditativos libertam-se dos
liames de *Māra*.

277. *"sabbe saṃkhārā aniccā" ti*
yadā paññāya passati
atha nibbindatī dukkhe,
esa maggo visuddhiyā.[31]

278. *"sabbe saṃkhārā dukkhā" ti*
yadā paññāya passati
atha nibbindatī dukkhe,
esa maggo visuddhiyā.

279. *"sabbe dhammā anattā" ti*
yadā paññāya passati
atha nibbindatī dukkhe,
esa maggo visuddhiyā.

280. *uṭṭhānakālamhi anuṭṭhahāno*
yuvā balī ālasiyaṃ upeto
saṃsannasaṃkappamano kusīto
paññāya maggaṃ alaso na vindati.

---

31. Leitura alternativa: *nibbindati*

277. "Todas as coisas compostas[60] são impermanentes"[82].
Tão logo alguém vê (isto) com sabedoria,
Então do sofrimento ele se enfastia; este é o Caminho
da Purificação.

278. "Todas as coisas compostas são insatisfatórias"[83].
Tão logo alguém vê (isto) com sabedoria,
Então do sofrimento ele se enfastia; este é o Caminho
da Purificação.

279. "Todas as constituições da natureza são insubstanciais"[84].
Tão logo alguém vê (isto) com sabedoria,
Então do sofrimento ele se enfastia; este é o Caminho
da Purificação.

280. Aquele que, quando é tempo de levantar-se,
não se levanta,
Jovem, forte, dado à ociosidade,
Negligente, fraco em pensamento e vontade,
Este preguiçoso o caminho da sabedoria não
encontra.

281. *vācānurakkhī manasā susaṃvuto*
kāyena ca akusalaṃ na kayirā
ete tayo kammapathe visodhaye,
ārādhaye maggam isippaveditaṃ.

282. *yogā ve jāyatī bhūri*
ayogā bhūrisaṃkhayo[32]
etaṃ dvedhā pathaṃ ñatvā
bhavāya vibhavāya ca
tath' attānaṃ niveseyya
yathā bhūri pavaḍḍhati.[33]

283. *vanaṃ chindatha, mā rukkhaṃ,*
vanato jāyatī bhayaṃ,
chetvā vanaṃ vanathañ ca[34]
nibbanā hotha bhikkhavo.

284. *yāvaṃ hi vanatho na chijjati*
aṇumatto pi narassa nārisu
paṭibaddhamano va tāva so
vaccho khīrapako va mātari.

---

32. PTS *jāyati*

33. PTS *bhurī*

34. Leitura alternativa: *vanañ ca...*

281. Vigiando sua fala, na mente bem-controlado,
Que ele não faça nada insalutar por meio de seu corpo;
Que ele purifique estas três vias de ação,
E atinja o Caminho pelo santo homem ensinado.

282. Deveras da meditação nasce o saber, sem meditação há perda de saber.
Conhecendo esta dupla via de prosperidade e decadência,
Que a pessoa estabeleça a si própria de maneira a aumentar seu saber.

283. Derrubem a floresta[85], e não uma árvore; da floresta nasce o medo.
Derrubando a floresta (da paixão) e o mato (do desejo), sede livres, ó bikshus!

284. Porque, enquanto a paixão d'um homem por mulher, mesmo que pequena, não é abatida,
Entrementes está sua mente em sujeição, como o novilho de peito à sua mãe.

285. *ucchinda sineham attano*
kumudaṃ sāradikaṃ va pāṇinā,
santimaggam eva brūhaya
nibbānaṃ sugatena desitaṃ.

286. *idha vassaṃ vasissāmi*
idha hemantagimhisu
iti bālo vicinteti
antarāyaṃ na bujjhati.

287. *taṃ puttapasusammattaṃ*
byāsattamanasaṃ naraṃ
suttaṃ gāmaṃ mahogho va
maccu ādāya gacchati.

288. *na santi puttā tāṇāya*
na pitā na pi bandhavā
antakenādhipannassa
n' atthi ñātīsu tāṇatā.

289. *etam atthavasaṃ ñatvā*
paṇḍito sīlasaṃvuto
nibbānagamanaṃ maggaṃ
khippam eva visodhaye.

285. Extirpa a afeição de ti próprio como (extirpas) o
lírio-d'água outonal com a mão;
Desenvolva mesmo o Caminho da Paz, o Nirvana
ensinado pelo Bem-Aventurado[86].

286. "Aqui habitarei (na estação) das chuvas, aqui no verão
e no inverno":
Assim imagina o tolo, e não percebe o impedimento[87].

287. (Enquanto) está um homem se comprazendo em filhos
e gado, e a isto aferrando-se sua mente,
A morte (vem) e o arrebata, como uma torrente a um
vilarejo dormente[88].

288. Os filhos não são refúgio, nem pai, parentes
tampouco;
Para o homem pela morte pego, não existe em
parente refúgio.

289. Sabendo o significado disto, o homem inteligente
e moralmente controlado,
Que rapidamente limpe o caminho[89] que conduz
ao Nirvana.

XXI. PAKIṆṆAKAVAGGA

290. *mattāsukhapariccāgā*
passe ce vipulaṃ sukhaṃ
caje mattā sukhaṃ dhīro
sampassaṃ vipulaṃ sukhaṃ.

291. *paradukkhūpadhānena*
attano sukham icchati[35]
verasaṃsaggasaṃsaṭṭho
verā so na parimuccati.

292. *yaṃ hi kiccaṃ apaviddhaṃ*
akiccaṃ pana kayirati
unnaḷānaṃ pamattānaṃ
tesaṃ vaḍḍhanti āsavā.

35. PTS *yo attano*

XXI. MISCELÂNEA

290. Se com a renúncia d'uma pequena felicidade puder se
avistar uma grande felicidade,
Que o sábio desista da pequena felicidade em
consideração à grande felicidade.

291. Aquele que, pela inflição de sofrimento aos outros,
obter para si felicidade tenta,
Este nas malhas do ódio está enredado e do ódio
não se liberta.

292. Ora, o que deveria ser feito é descartado, porém o que
não deveria ser feito é feito;
Destes soberbos e negligentes os cancros aumentam.

293. *yesañ ca susamāraddhā,*
niccaṃ kāyagatā sati
akiccan te na sevanti
kicce sātaccakārino,[36]
satānaṃ sampajānānaṃ
atthaṃ gacchanti āsavā.

294. *mātaraṃ pitaraṃ hantvā*
rājāno dve ca khattiye
raṭṭhaṃ sānucaraṃ hantvā
anīgho yāti brāhmaṇo.

295. *mātaraṃ pitaraṃ hantvā*
rājāno dve ca sotthiye
veyyagghapañcamaṃ hantvā
anīgho yāti brāhmaṇo.

296. *suppabuddhaṃ pabujjhanti*
sadā Gotamasāvakā
yesaṃ divā ca ratto ca
niccaṃ Buddhagatā sati.

---

36. Leitura alternativa: *akiccaṃ te*

293. Mas aqueles cuja "Contemplação do Corpo"[90] está
sempre bem empreendida,
Estes que não seguem o que não deveria ser feito e
perseveram no que deveria ser feito,
Destes reflexivos e inteligentes os cancros chegam
ao termo.

294. Após ter matado mãe, pai e dois reis da casta
guerreira,
Após haver destruído um reino junto com seus
habitantes, incólume o brâmane anda[91].

295. Após ter matado mãe, pai e dois reis brâmanes,
Após haver destruído um carro-tigre como o quinto,
incólume o brâmane anda[91].

296. Bem despertos apresentam-se sempre os discípulos
de Gotama,
Nos quais a "Contemplação de Buda"[92] é constante
dia e noite.

297. *suppabuddhaṃ pabujjhanti*
sadā Gotamasāvakā
yesaṃ divā ca ratto ca
niccaṃ Dhammagatā sati.

298. *suppabuddhaṃ pabujjhanti*
sadā Gotamasāvakā
yesaṃ divā ca ratto ca
niccaṃ Saṃghagatā sati.

299. *suppabuddhaṃ pabujjhanti*
sadā Gotamasāvakā
yesaṃ divā ca ratto ca
niccaṃ kāyagatā sati.

300. *suppabuddhaṃ pabujjhanti*
sadā Gotamasāvakā
yesaṃ divā ca ratto ca
ahiṃsāya rato mano.

301. *suppabuddhaṃ pabujjhanti*
sadā Gotamasāvakā
yesaṃ divā ca ratto ca
bhāvanāya rato mano.

297. Bem despertos apresentam-se sempre os discípulos
de Gotama,
Nos quais a "Contemplação do Darma" é constante
dia e noite.

298. Bem despertos apresentam-se sempre os discípulos
de Gotama,
Nos quais a "Contemplação da Comunidade" é
constante dia e noite.

299. Bem despertos apresentam-se sempre os discípulos
de Gotama,
Nos quais a "Contemplação do Corpo" é constante
dia e noite.

300. Bem despertos apresentam-se sempre os discípulos
de Gotama,
Nos quais a mente se compraz em não-violência
dia e noite.

301. Bem despertos apresentam-se sempre os discípulos
de Gotama,
Nos quais a mente se compraz em meditação
dia e noite.

302. *duppabbajjaṃ durabhiramaṃ*
durāvāsa gharā dukhā
dukkho 'samānasaṃvāso,
dukkhānupatit' addhagū
tasmā na c' addhagū siyā
na ca dukkhānupatito siyā.

303. *saddho sīlena sampanno*
yasobhogasamappito
yaṃ yaṃ padesaṃ bhajati
tattha tatth' eva pūjito.

304. *dūre santo pakāsenti*
himavanto va pabbato,
asant' ettha na dissanti
ratti khittā yathā sarā.

305. *ekasanaṃ ekaseyyaṃ*
eko caram atandito
eko damayam attānaṃ
vanante ramito siyā.

302. Difícil é a renúncia ao mundo, difícil seu gozo;
fastidioso é viver em família e penoso;
Penoso é viver com desiguais. Sobre o viandante (na
ronda das existências) abate-se o sofrimento.
Portanto que ninguém seja um viandante, e não seja
seguidor do sofrimento.

303. O homem fiel, de virtude dotado, de fama e
riqueza possuído,
A qualquer região que converge, é ele em toda
parte respeitado.

304. Os bons homens manifestam-se ao longe, como a
montanha do Himalaia;
Aqui, os malévolos não são vistos, assim como as setas
arremessadas à noite.

305. Sentando só, dormindo só, caminhando só,
infatigável,
Sozinho a si mesmo dominando –, este, com a
própria floresta[93] virá a se deleitar.

XXII. NIRAYAVAGGA

306. *abhūtavādī nirayaṃ upeti*
yo vāpi katvā na karomi c' āha
ubho pi te pecca samā bhavanti
nihīnakammā manujā parattha.

307. *kāsāvakaṇṭhā bahavo*
pāpadhammā asaññatā,
pāpā pāpehi kammehi
nirayaṃ te upapajjare.

308. *seyyo ayoguḷo bhutto*
tatto aggisikhūpamo
yañ ce bhuñjeyya dussīlo
raṭṭhapiṇḍaṃ asaññato.

309. *cattāri ṭhānāni naro pamatto*
āpajjatī paradārūpasevī:[37]
apuññalābhaṃ na nikāmaseyyaṃ
nindaṃ tatiyaṃ nirayaṃ catutthaṃ.

---

37. Leitura alternativa: *āpajjati*

XXII. DO ESTADO DE INFORTÚNIO (PURGATÓRIO)

306. Aquele que falar o que não tenha ocorrido vai para o
estado de infortúnio; ou mesmo o que, algo tendo
feito, diz "eu não faço (isto)".
Ambos após a morte iguais se tornam, sendo pessoas
de vis ações em outro mundo.

307. Muitos que estão envoltos no manto amarelo são de
maus hábitos e descontrolados;
Os malfeitores, em razão dos males feitos, o estado de
infortúnio atingem.

308. Melhor seria uma bola de ferro – incandescida qual
chama d'um fogo – engolida,
Do que viesse um imoral e descontrolado a comer
o mantimento do povo.

309. Um homem negligente que a mulher d'outro
freqüenta, quatro condições afronta:
Aquisição de demérito, desagradável sono, má
reputação em terceiro lugar, e estado de infortúnio
em quarto lugar.

310. *apuññalābho ca gatī ca pāpikā*
bhītassa bhītāya ratī ca thokikā
rājā ca daṇḍaṃ garukaṃ paṇeti,
tasmā naro paradāraṃ na seve.

311. *kuso yathā duggahito*
hattham evānukantati[38]
sāmaññaṃ dupparāmaṭṭhaṃ
nirayāy' upakaḍḍhati.

312. *yaṃ kiñci sithilaṃ kammaṃ*[39]
saṃkiliṭṭhañ ca yaṃ vataṃ
saṃkassaraṃ brahmacariyaṃ
na taṃ hoti mahapphalaṃ.

313. *kayirā ce kayirāth' enaṃ*
daḷham enaṃ parakkame,[40]
sithilo hi paribbājo
bhiyyo ākirate rajaṃ.[41]

---

38. PTS *duggahīto, hatthaṇo*
39. PTS *saṭhilaṃ*
40. PTS *kayirañ ce*
41. PTS *saṭhilo*

310. Há aquisição de demérito, e funesto destino, e para os
apavorados (homem e mulher) amor breve,
E ainda o rei que severa punição inflige; portanto, que
homem nenhum a mulher d'outro freqüente.

311. Assim como uma folha de grama *kusa*,
incorretamente segura, certamente a mão corta,
(Assim também) ascetismo mal manipulado ao estado
de infortúnio arrasta.

312. Qualquer ato licencioso, qualquer voto corrupto,
Uma vacilante vida religiosa – nenhum destes vem
a ser grande fruto.

313. Se algo deve ser feito que alguém o faça, que
vigorosamente o fomente;
Porque um relaxado asceta errante, repetidamente
a poeira esparge.

314. *akataṃ dukkataṃ seyyo*
pacchā tapati dukkataṃ,
katañ ca sukataṃ seyyo
yaṃ katvā n' ānutappati.

315. *nagaraṃ yathā paccantaṃ*
guttaṃ santarabāhiraṃ
evaṃ gopetha attānaṃ,
khaṇo ve mā upaccagā,
khaṇātītā hi socanti
nirayamhi samappitā.

316. *alajjitāye lajjanti*
lajjitāye na lajjare
micchādiṭṭhisamādānā
sattā gacchanti duggatiṃ.

317. *abhaye bhayadassino*
bhaye cābhayadassino
micchādiṭṭhisamādānā
sattā gacchanti duggatiṃ.

314. Melhor é um mau ato não feito; o mau ato atormenta posteriormente.
Melhor mesmo é um bom ato feito, após cuja feitura alguém remorso não sente.

315. Assim como uma cidadela fronteiriça é guarnecida por fora e por dentro,
Assim guarde um homem a si próprio; em verdade não deixe ele escapar o momento[94],
Porque os que deixam passar o momento certo, lamentam quando colocados no estado de infortúnio.

316. Estando envergonhados do que não é vergonhoso, e não estando envergonhados do que é vergonhoso,
Estes seres, mantendo falsos pontos de vista, vão ao reino da desdita[5].

317. Vendo medo no que não é temível, e não vendo medo no que é temível,
Estes seres, mantendo falsos pontos de vista, vão ao reino da desdita.

318. *avajje vajjamatino*
vajje cāvajjadassino
micchādiṭṭhisamādānā
sattā gacchanti duggatiṃ.

319. *vajjañ ca vajjato ñatvā*
avajjañ ca avajjato
sammādiṭṭhisamādānā
sattā gacchanti suggatim.

318. Imaginando falha no que é impecável, e não vendo
falha no que é falho,
Estes seres, mantendo falsos pontos de vista, vão
ao reino da desdita.

319. Sabendo a falha como falha e o impecável como
impecável,
Estes seres, mantendo corretos pontos de vista,
vão ao reino da ventura[5].

XXIII. NĀGAVAGGA

320. *ahaṃ nāgo va saṃgāme*
cāpāto patitaṃ saraṃ
ativākyaṃ titikkhissaṃ
dussīlo hi bahujjano.

321. *dantaṃ nayanti samitiṃ*
dantaṃ rājābhirūhati
danto seṭṭho manussesu
yo 'tivākyaṃ titikkhati.

322. *varam assatarā dantā*
ājānīyā ca sindhavā
kuñjarā ca mahānāgā,
attadanto tato varaṃ.

323. *na hi etehi yānehi*
gaccheyya agataṃ disaṃ
yath' āttanā sudantena
danto dantena gacchati.[42]

---

42. PTS *yath' attanā*

XXIII. DO ELEFANTE[95]

320. Como um elefante que nas batalhas (suporta) a seta
pelo arco desferida,
Eu aturarei a palavra abusiva; deveras, de mau caráter
é a grande maioria.

321. Eles conduzem o (elefante) domado ao agrupamento;
o rei este domado monta.
Entre os homens o melhor treinado é o que a palavra
abusiva agüenta.

322. Excelentes são os mulos treinados e os (cavalos) *sindhu*
de sangue puro,
E os grandes elefantes colmilhudos; mais excelente
ainda é o que a si tenha domado.

323. Porque, com esses meios de locomoção, ninguém
poderia ir ao distrito não freqüentado,
Assim como alguém treinado (faria) em (animal)
domado: seu eu bem-amestrado.

324. *dhanapālako nāma kuñjaro*
kaṭukappabhedano dunnivārayo[43]
baddho kabalaṃ na bhuñjati,
sumarati nāgavanassa kuñjaro.

325. *middhī yadā hoti mahagghaso ca*
niddāyitā samparivattasāyī
mahāvarāho va nivāpapuṭṭho
punappunaṃ gabbham upeti mando.

326. *idaṃ pure cittam acāri cārikaṃ*
yen 'icchakaṃ yatthakāmaṃ yathāsukhaṃ
tad ajj' ahaṃ niggahessāmi yoniso
hatthippabhinnaṃ viya aṃkusaggaho.

327. *appamādaratā hotha,*
sacittam anurakkhatha,
duggā uddharath' attānaṃ
paṃke sanno va kuñjaro.

328. *sace labhetha nipakaṃ sahāyaṃ*
saddhiṃ caraṃ sādhuvihāridhīraṃ
abhibhuyya sabbāni parissayāni
careyya ten' attamano satīmā.

---

43. PTS *kaṭukapa...*; leitura alternativa: *kaṭukabhedano*

324. O elefante colmilhudo Dhanapālaka[96] chamado,
Com humor acrimonioso (pelas têmporas)
escorrendo, e sendo difícil de contê-lo,
Não come um bocado quando confinado:
Eis que do "Bosque dos Elefantes" se recorda o
elefante colmilhudo.

325. Quando alguém se torna preguiçoso e glutão,
Amodorrado, e revirando-se enquanto deitado
Qual um grande porco de restos nutrido,
Vez pós vez entra no útero este estúpido.

326. Outrora, esta mente vagueava com os sentidos regalados
Onde quer que lhe tivesse agradado, como tivesse
desejado e quando lhe tivesse aprazido.
Agora eu vou judiciosamente contê-la
Como faz a um elefante em cio o cornaca.

327. Sede fervorosos na diligência, velai por vosso coração;
Desprendei a vós mesmos dos maus caminhos, como
o forte elefante colmilhudo (atolado) na lama.

328. Se vós achardes um companheiro prudente
A se andar com ele – de boa conduta e inteligente –,
Sobrepujando todos os perigos
Andeis com ele alegres e refletivos.

329. *no ce labhetha nipakaṃ sahāyaṃ*
saddhiṃ caraṃ sādhuvihāridhīram
rājā va raṭṭhaṃ vijitaṃ pahāya
eko care mātaṅg' araññe va nāgo.

330. *ekassa caritaṃ seyyo,*
n' atthi bāle sahāyatā,
eko care na ca pāpāni kayirā
appossukko mātaṅg' araññe va nāgo.

331. *atthamhi jātamhi sukhā sahāyā*
tuṭṭhī sukhā yā itarītarena,
puññaṃ sukhaṃ jīvitasaṃkhayamhi,
sabbassa dukkhassa sukhaṃ pahānaṃ.

332. *sukhā matteyyatā loke*
atho petteyyatā sukhā,
sukhā sāmaññatā loke
atho brahmaññatā sukhā.

333. *sukhaṃ yāva jarā sīlaṃ*
sukhā saddhā patiṭṭhitā
sukho paññāya paṭilābho
pāpānaṃ akaraṇaṃ sukhaṃ.

329. Se vós não achardes um companheiro prudente
A se andar com ele[97] – de boa conduta e inteligente –,
Como um rei renunciando ao reino conquistado,
Ou como um elefante na floresta dos elefantes,
andai a sós.

330. É melhor o viver só; não há companheirismo com
um tolo.
Que alguém ande só, e não faça mal, e fique
despreocupado como o elefante na floresta dos
elefantes.

331. Agradáveis são os companheiros quando surge a ocasião;
Sendo mútua, agradável é a satisfação;
Bendito é no fim da vida o merecimento,
E bendito o abandono de todo o sofrimento.

332. Bendita é neste mundo a maternidade, bendita é
também a paternidade;
Bendito é neste mundo ser um asceta, bendito é
também ser um brâmane.

333. Aprazível é a virtude até a velhice; aprazível é a fé
firmemente estabelecida;
Aprazível é o conseguimento da sabedoria; aprazível é
o abster-se de fazer mal.

XXIV. TAṆHĀVAGGA

334. *manujassa pamattacārino*
taṇhā vaḍḍhati māluvā viya,
so palavati hurāhuraṃ[44]
phalam icchaṃ va vanasmi vānaro.

335. *yaṃ esā sahatī jammī*
taṇhā loke visattikā
sokā tassa pavaḍḍhanti
abhivaṭṭhaṃ va bīraṇaṃ.

336. *yo c' etaṃ sahatī jammiṃ*
taṇhaṃ loke duraccayaṃ
sokā tamhā papatanti
udabindu va pokkharā.

337. *taṃ vo vadāmi bhaddaṃ vo*
yāvant' ettha samāgatā
taṇhāya mūlaṃ khanatha
usīrattho va bīraṇaṃ
mā vo naḷaṃ va soto va
Māro bhañji punappunaṃ.

44. Leitura alternativa: *plavatī*

XXIV. DO ANELO (OU SEDE)[98]

334. A sede d'um homem que vive estouvado cresce
como trepadeira;
Ele pula de existência em existência qual macaco na
floresta desejoso de fruta.

335. Quem quer que neste mundo seja subjugado por esta
abjeta sede de apego,
Suas mágoas aumentam qual o chovido
capim-cheiroso.

336. Mas quem subjuga esta abjeta sede difícil de superar
neste mundo,
As mágoas caem dele como gotas d'água d'uma
folha de loto.

337. Eu vos digo esta boa, a vós tantos quantos estão aqui
reunidos:
Do anelo a raiz desencavai como (faríeis com) o
capim-cheiroso em busca da raiz fragrante,
Para que o *Māra* repetidamente não vos esmague,
como o caniçal o é pela torrente.

338. *yathā pi mūle anupaddave daḷhe*
chinno pi rukkho punar eva rūhati
evam pi taṇhānusaye anūhate
nibbattatī dukkham idaṃ punappunaṃ.[45]

339. *yassa chattiṃsatī sotā*
manāpassavanā bhusā,
vāhā vahanti duddiṭṭhaṃ
saṃkappā rāganissitā.

340. *savanti sabbadhī sotā,*
latā ubbhijja tiṭṭhati[46]
tañ ca disvā lataṃ jātaṃ
mūlaṃ paññāya chindatha.

341. *saritāni sinehitāni ca*
somanassāni bhavanti jantuno
te sātasitā sukhesino
te ve jātijarūpagā narā.

---

45. PTS *nibbattati*

46. PTS *sabbadā*; leitura alternativa: *sabbadhi*

338. Tal qual uma árvore que, embora decepada, tendo raízes intactas e fortes, cresce novamente,
Assim também, se as bases do anelo não são desenraizadas, este sofrimento germina repetidamente.

339. Aquele em quem, fluindo prazerosos, os trinta e seis fluxos[99] (do desejo) são desmedidos,
Este homem equivocado, ai!, arrebatam-no os desígnios na paixão assentados.

340. Fluem por toda a parte as correntezas; projeta-se germinando a trepadeira (da paixão);
Vendo crescida esta trepadeira, cortai sua raiz com sabedoria.

341. As alegrias da criatura são fluentes e luxuriosas;
Os homens, procurando a felicidade, dando-se ao prazer, deveras submetem-se ao nascer e envelhecer.

342. *tasiṇāya purakkhatā pajā*
parisappanti saso va bādhito,
saññojanasaṅgasattakā
dukkham upenti punappunaṃ cirāya.

343. *tasiṇāya purakkhatā pajā*
parisappanti saso va bādhito,
tasmā tasiṇaṃ vinodaye
bhikkhu ākaṃkha virāgam attano.[47]

344. *yo nibbanatho vanādhimutto*
vanamutto vanam eva dhāvati
taṃ puggalam eva passatha:
mutto bandhanam eva dhāvati.

345. *na taṃ daḷhaṃ bandhanam āhu dhīrā*
yad āyasaṃ dārujaṃ pabbajañ ca
sārattarattā maṇikuṇḍalesu
puttesu dāresu ca yā apekhā.[48]

---

47. Leitura alternativa: *ākaṅkhanta [bhikkhu omitido]*
48. Leitura alternativa: *apekknā*

342. Assediados pelo anelo correm (assustados) os seres para
cá e para lá, como uma lebre perseguida.
Pendurados pelos laços[100] e grilhões repetidamente e
por longo tempo, submetem-se eles ao sofrimento.

343. Assediados pelo anelo correm (assustados) os seres para
cá e para lá, como uma lebre perseguida.
Portanto, que o bikshu, almejando para si a destruição
da luxúria, da sede se desfaça.

344. Aquele que, livre de paixão, inclina-se à floresta
(da paixão); e que liberto da floresta corre a esta
mesma floresta (da paixão) –,
Olhai justamente este indivíduo! Liberto, ele corre para
esta mesma servidão.

345. Este não é o laço forte, dizem os sábios,
Que é feito de ferro, de madeira ou de cânhamo;
(Mais forte ainda) é a aspiração de devoção passional
Pelos brincos de jóias preciosas, pelos filhos e pelas
esposas.

346. *etaṃ daḷhaṃ bandhanam āhu dhīrā*
ohārinaṃ sithilaṃ duppamuñcaṃ
etam pi chetvāna paribbajanti
anapekhino kāmasukhaṃ pahāya.[49]

347. *ye rāgarattānupatanti sotaṃ*
sayaṃ kataṃ makkaṭako va jālaṃ
etam pi chetvāna vajanti dhīrā
anapekhino sabbadukkhaṃ pahāya.

348. *muñca pure muñca pacchato*
majjhe muñca bhavassa pāragū,
sabbattha vimuttamānaso
na punañ jātijaraṃ upehisi.[50]

349. *vitakkapamathitassa jantuno*
tibbarāgassa subhānupassino
bhiyyo taṇhā pavaḍḍhati,
esa kho daḷhaṃ karoti bandhanaṃ.

---

49. Leitura alternativa: *anpekkhino*

50. Leitura alternativa: *punaṃ*

346. Este é o laço forte, dizem os sábios,
Que puxa para baixo, que cede e é difícil de afrouxar;
Cortando isto também, eles tornam-se
ascetas-errantes
Sem aspirações e renunciando aos sensuais prazeres.

347. Aqueles que estão tingidos pela concupiscência,
descem correnteza abaixo produzida por eles
mesmos, como uma aranha na (própria) teia;
Cortando isto também, os sábios procedem sem
aspirações, abandonando toda mágoa.

348. Abandonai o anterior, abandonai o posterior,
abandonai o meio[101], indo para além da existência;
Com mente liberta de tudo, não vos submetereis de
novo ao nascimento e decadência.

349. A criatura que tem o pensamento agitado, que é por
intensa luxúria tomado e que suspira pelo que é
prazeroso –,
Aumenta mais ainda seu anelo; deveras, torna ele
forte o laço.

350. *vitakkūpasame ca yo rato*
asubhaṃ bhāvayatī sadā sato[51]
esa kho vyantikāhiti
esa-checchati Mārabandhanaṃ.

351. *niṭṭhaṅgato asantāsī*
vītataṇho anaṅgaṇo
acchidda bhavasallāni
antimo 'yaṃ samussayo.[52]

352. *vītataṇho anādāno*
niruttipadakovido
akkharānaṃ sannipātaṃ
jaññā pubbāparāni ca
sa ve "antimasārīro
mahāpañño mahāpuriso" ti vuccati.[53]

353. *sabbābhibhū sabbavidū 'ham asmi*
sabbesu dhammesu anūpalitto
sabbañjaho taṇhakkhaye vimutto
sayaṃ abhiññāya kam uddiseyyaṃ.

---

51. Leitura alternativa: *bhavayate*

52. Leitura alternativa: *acchindi*

53. Leitura alternativa: *mahapañño* ou *mahāpuriso* omitido (metri causa?)

350. Mas aquele que está deliciado com o tranqüilo
pensamento, que é meditativo e que contempla o
que é não-prazeroso[102] –,
Este deveras removerá, ou melhor, cortará de *Māra*
o laço.

351. Aquele que alcançou a consumação, que é destemido,
que é isento de impureza, que é destituído de anelo,
Que removeu os espinhos da existência[81] –, este é
seu derradeiro corpo.

352. Aquele que é sem anelo, que é isento de apego, que
conhece das palavras a explanação[103];
Que sabe o agrupamento das letras, da primeira à
última;
Deste, verdadeiramente, é dito como tendo o
derradeiro corpo, como sendo um grande homem
de profunda sabedoria.

353. "Tudo superei, eu tudo sei; em todas as contingências
da vida sou imaculado;
Renunciei a tudo, e pela extinção da sede tornei-me
emancipado.
Por mim mesmo tendo aprendido, a quem apontaria
(como o meu mestre)?"[104]

354. *sabbadānaṃ dhammadānaṃ jināti,*
sabbaṃ rasaṃ dhammaraso jināti,
sabbaṃ ratiṃ dhammaratī jināti,
taṇhakkhayo sabbadukkhaṃ jināti.

355. *hananti bhogā dummedhaṃ*
no ce pāragavesino,
bhogataṇhāya dummedho
hanti aññe va attanaṃ.

356. *tiṇadosāni khettāni,*
rāgadosā ayaṃ pajā,
tasmā hi vītarāgesu
dinnaṃ hoti mahapphalaṃ.

357. *tiṇadosāni khettāni,*
dosadosā ayaṃ pajā,
tasmā hi vītadosesu
dinnaṃ hoti mahapphalaṃ.

354. A dádiva do Darma excede todas as dádivas;
O sabor do Darma excede todos os sabores,
O prazer no Darma excede todos os prazeres,
A extinção da sede sobrepuja todo sofrimento.

355. As riquezas destroem o tolo, não aquele que procura o além;
Pela sede de riquezas o tolo arruína a si próprio, como também aos outros.

356. Os campos lavrados são danificados pelas ervas daninhas; esta humanidade é arruinada pela luxúria;
Portanto, traz grande recompensa o que é dado aos libertos de luxúria.

357. Os campos lavrados são danificados pelas ervas daninhas; esta humanidade é arruinada pelo ódio;
Portanto, traz grande recompensa o que é dado aos libertos de ódio.

358. *tiṇadosāni khettāni,*
mohadosā ayaṃ pajā,
tasmā hi vītamohesu
dinnaṃ hoti mahapphalaṃ.

359. *tiṇadosāni khettāni,*
icchādosā ayaṃ pajā,
tasmā hi vigaticchesu
dinnaṃ hoti mahapphalaṃ.

358. Os campos lavrados são danificados pelas ervas
daninhas; esta humanidade é arruinada pela
delusão;
Portanto, traz grande recompensa o que é dado
aos libertos da delusão.

359. Os campos lavrados são danificados pelas ervas
daninhas; esta humanidade é arruinada pela cobiça;
Portanto, traz grande recompensa o que é dado
aos libertos de cobiça.

XXV. BHIKKHUVAGGA

360. *cakkhunā saṃvaro sādhu,*
sādhu sotena saṃvaro,
ghāṇena saṃvaro sādhu,
sādhu jivhāya saṃvaro.

361. *kāyena saṃvaro sādhu,*
sādhu vācāya saṃvaro,
manasā saṃvaro sādhu,
sādhu sabbattha saṃvaro;
sabbattha saṃvuto bhikkhu
sabbadukkhā pamuccati.

362. *hatthasaññato pādasaññato*
vācāya saññato saññatuttamo,
ajjhattarato samāhito
eko santusito tam āhu bhikkhuṃ.

363. *yo mukhasaññato bhikkhu*
mantabhāṇī anuddhato
atthaṃ dhammañ ca dīpeti
madhuraṃ tassa bhāsitaṃ.

XXV. DO BIKSHU[105]

360. No olho a continência é bom; bom é no ouvido a
continência;
No nariz a continência é bom; bom é na língua a
continência.

361. No corpo a continência é bom; bom é na fala a
continência;
No pensamento a continência é bom; bom é em todas
as coisas a continência.
O bikshu que em todas as coisas está contido, de todos
os sofrimentos está liberto.

362. Na mão controlado, no pé controlado, na fala
controlado, na cabeça controlado,
Intimamente deleitado, composto, contente e
solitário –, "bikshu" eles o chamam.

363. O bikshu que é controlado na boca, que não é
ensoberbado, que sabiamente fala,
Que o Darma e seu sentido ilumina, doce é sua palavra.

364. *dhammārāmo dhammarato*
dhammaṃ anuvicintayaṃ
dhammaṃ anussaraṃ bhikkhu
saddhammā na parihāyati.

365. *salābhaṃ nātimaññeyya*
n' āññesaṃ pihayaṃ care;
aññesaṃ pihayaṃ bhikkhu
samādhiṃ n' ādhigacchati.

366. *appalābho pi ce bhikkhu*
salābhaṃ n' ātimaññati
taṃ ve devā pasaṃsanti
suddhājīviṃ atanditaṃ.

367. *sabbaso nāmarūpasmiṃ*
yassa n' atthi mamāyitaṃ
asatā ca na socati
sa ve bhikkhū ti vuccati.

364. Ele cujo prazer é o Darma, que se deleita no Darma,
que medita no Darma,
Que evoca o Darma –, este bikshu não renega o
verdadeiro Darma.

365. Que sua própria vantagem ele não despreze, a invejar
os outros não ande;
O bikshu que os outros inveje, concentração[72] não
atinge.

366. Embora receba pouco, o bikshu que sua própria
vantagem não menospreza,
Que não é indolente e leva uma vida pura, este até
os devas louvam[106].

367. O que não considera de todo o nome e forma[64] a si
próprio pertencendo,
E pelo que não existe não se lamenta, este é deveras
"bikshu" chamado.

368. *mettāvihārī yo bhikkhu*
pasanno buddhasāsane
adhigacche padaṃ santaṃ
saṃkhārūpasamaṃ sukhaṃ.

369. *siñca bhikkhu imaṃ nāvaṃ,*
sittā te lahum essati,
chetvā rāgañ ca dosañ ca
tato nibbānam ehisi.

370. *pañca chinde pañca jahe*
pañca vuttari bhāvaye,[54]
pañca saṅgātigo bhikkhu
oghatiṇṇo ti vuccati.

371. *jhāya bhikkhu mā ca pamādo*
mā te kāmaguṇe bhamassu cittaṃ,
mā lohaguḷaṃ gilī pamatto,
mā kandi "dukkham idan" ti ḍayhamāno.[55]

54. Leitura alternativa: *cuttari*

55. PTS *kandī*

368. O bikshu que habita na bondade-afetuosa, e está
reconciliado com o ensinamento de Buda,
Alcançará o estado de paz, a felicidade, o
apaziguamento dos constituintes da vida[60].

369. Deságua este barco[107], ó bikshu! desaguado por ti,
ligeiro este andará.
Tendo suprimido luxúria e ódio, irás então ao Nirvana.

370. Que elimine os cinco[108], que renuncie aos cinco[109],
que cultive os cinco mais[110];
O bikshu dos cinco laços[100] liberto, "o que sobrepujou
a enchente" é chamado.

371. Medita, ó bikshu, e não sê negligente!
Não permitas que rodeiem teu coração os cordões do
sensual desejo,
Para que por negligência não venhas a engolir a bola
de ferro[111],
E não venhas a gritar "isto é dor", enquanto ardendo.

372. *n' atthi jhānaṃ apaññassa*
paññā n' atthi ajhāyato,
yamhi jhānañ ca paññā ca
sa ve nibbānasantike.

373. *suññāgāraṃ paviṭṭhassa*
santacittassa bhikkhuno
amānusī ratī hoti
sammā dhammaṃ vipassato.

374. *yato yato sammasati*
khandhānaṃ udayabbayaṃ[56]
labhati pīti pāmojjaṃ
amataṃ taṃ vijānataṃ.

375. *tatrāyam ādi bhavati*
idha paññassa bhikkhuno:
indriyagutti santuṭṭhī
pātimokkhe ca saṃvaro,[57]
mitte bhajassu kalyāṇe
suddh' ājīve atandite.

---

56. PTS *udayavyayaṃ*
57. PTS *indriyaguttī*

372. Não há absorção meditativa[112] para o que é sem
sabedoria, não há sabedoria para alguém sem
absorção meditativa;
Em quem há absorção meditativa e sabedoria, este na
verdade está na presença do Nirvana.

373. O bikshu que com coração tranqüilo tenha na casa
vazia entrado[113],
Experimenta encanto sobre-humano, ao ter o Darma
perfeitamente discernido.

374. Sempre que ele compreende o surgimento e
desaparecimento dos agregados (do ser)[59],
Alegria e felicidade ele obtém, que é não-morte
para aqueles que discernem.

375. Isto aí é para um inteligente bikshu o ponto-de-partida
neste mundo:
Vigia dos sentidos, contentamento e continência sob
os Regulamentos[54].
Que ele cultive associação com amigos virtuosos,
de pura vida e assíduos.

376. *paṭisanthāravutt' assa*
ācārakusalo siyā,[58]
tato pāmojjabahulo
dukhass' antaṃ karissati.

377. *vassikā viya pupphāni*
maddavāni pamuñcati
evaṃ rāgañ ca dosañ ca
vippamuñcetha bhikkhavo.

378. *santakāyo santavāco*
santavā susamāhito
vantalokāmiso bhikkhu
upasanto ti vuccati.

379. *attanā coday' attānaṃ*
paṭimāse attam attanā,
so attagutto satimā
sukhaṃ bhikkhu vihāhisi.

---

58. Leitura alternativa: *paṭisanthāravutyassa*

376. Que ele nas suas maneiras seja cordial, e em
conduta seja reto;
Em seguida, abundando em alegria, ele porá termo
ao sofrimento.

377. Assim como o jasmim suas flores murchas larga,
Assim também vós, ó bikshus, a luxúria e ódio deitai fora.

378. O que é aplacado em corpo, aplacado na fala,
aplacado na mente, resoluto,
Que tem os engodos mundanos rejeitado, este bikshu
"sereno" é chamado.

379. Por ti mesmo exorta a ti mesmo, por ti mesmo
contenha a ti mesmo;
Assim autoguardado e refletivo, em felicidade viverás,
ó bikshu!

380. *attā hi attano nātho*
attā hi attano gati,
tasmā saññamay' attānaṃ
assaṃ bhadraṃ va vāṇijo.[59]

381. *pāmojjabahulo bhikkhu*
pasanno Buddhasāsane
adhigacche padaṃ santaṃ
saṃkhārūpasamaṃ sukhaṃ.

382. *yo have daharo bhikkhu*
yuñjati Buddhasāsane[60]
so 'maṃ lokaṃ pabhāseti
abbhā mutto va candimā.

---

59. Leitura alternativa: *saṃyamam attānaṃ*

60. PTS *yuñjate*

380. Porque o eu é o protetor do eu, porque o eu é o
refúgio do eu;
Portanto, refreia a ti mesmo como o negociante a
um cavalo nobre.

381. O bikshu, abundando em alegria, estando satisfeito no
Ensinamento de Buda,
Alcançará o estado de paz, a felicidade, o
apaziguamento dos constituintes da vida[60].

382. O bikshu que, enquanto jovem, devota-se
ao Ensinamento de Buda,
Ele este mundo ilumina qual lua das nuvens liberta[114].

XXVI. BRĀHMAṆAVAGGA

383. *chinda sotaṃ parakkamma,*
kāme panuda brāhmaṇa,
saṃkhārānaṃ khayaṃ ñatvā
akataññū 'si brāhmaṇa.

384. *yadā dvayesu dhammesu*
pāragū hoti brāhmaṇo
ath' assa sabbe saṃyogā
atthaṃ gacchanti jānato.

385. *yassa pāraṃ apāraṃ vā*
pārāpāraṃ na vijjati
vītaddaraṃ visaññuttaṃ[61]
tam ahaṃ brūmi brāhmaṇam.

386. *jhāyiṃ virajam āsīnaṃ*
katakiccaṃ anāsavaṃ
uttamatthaṃ anuppattaṃ
tam ahaṃ brūmi brāhmaṇam.

---

61. Leitura alternativa: *visaṃyuttaṃ*

XXVI. DO BRÂMANE[115]

383. Interrompa a correnteza esforçando-se; remova os
desejos sensuais, ó brâmane!
Conhecendo o fim das formações (condicionadas), tu
és conhecedor do Incriado[31], ó brâmane!

384. Quando pela dupla prática[116] o brâmane torna-se
alguém que cruzou para a outra (margem),
Então, todos os liames deste conhecedor
desaparecem.

385. Aquele para quem não existe a outra margem, nem
esta margem, ou (ambas) as margens deste e
daquele lado,
Que é destemido e desprendido –, a este, "brâmane"
eu chamo.

386. Aquele que é meditativo, imaculado, assentado; que
dos cancros está livre, e tem seu dever cumprido;
Que alcançou o objetivo supremo –, a este,
"brâmane" eu chamo.

387. *divā tapati ādicco,*
rattiṃ ābhāti candimā,
sannaddho khattiyo tapati,
jhāyī tapati brāhmaṇo,
atha sabbam ahorattiṃ
Buddho tapati tejasā.

388. *bāhitapāpo ti brāhmaṇo*
samacariyā samaṇo ti vuccati.
pabbājayam attano malaṃ
tasmā pabbajito ti vuccati.

389. *na brāhmaṇassa pahareyya*
n' āssa muñcetha brāhmaṇo,
dhī brāhmaṇassa hantāraṃ,
tato dhī y' assa muñcati.

390. *na brāhmaṇass' etad akiñci seyyo*
yadā nisedho manaso piyehi,
yato yato hiṃsamano nivattati
tato tato sammati-m-eva dukkhaṃ.

387. De dia brilha o sol, à noite é clara a lua;
Brilha o guerreiro na sua armadura, o brâmane brilha na sua meditação.
Mas todo o dia e noite brilha o Buda em esplendor.

388. O que descartou o mal, "brâmane"; o que anda tranqüilamente, "asceta-errante" é chamado.
O que baniu sua própria impureza, portanto, "recluso"[117] é chamado.

389. Ninguém deveria atacar um brâmane; que o brâmane sobre ele não descarregue (sua raiva).
Que vergonha daquele que sova um brâmane! Mais vergonha ainda daquele que sobre ele descarrega (sua raiva)!

390. Para um brâmane isto não é de pouco benefício:
Quando com a dissuasão da sua mente pelos prazeres da vida,
Tão logo a vontade de injuriar pára,
Então o sofrimento deveras se aplaca.

391. *yassa kāyena vācāya*
manasā n' atthi dukkataṃ
saṃvutaṃ tīhi ṭhānehi
tam ahaṃ brūmi brāhmaṇaṃ.

392. *yamhā dhammaṃ vijāneyya*
sammāsambuddhadesitaṃ
sakkaccaṃ taṃ namasseyya
aggihuttaṃ va brāhmaṇo.

393. *na jaṭāhi na gottena*
na jaccā hoti brāhmaṇo,
yamhi saccañ ca dhammo ca
so sucī so ca brāhmaṇo.[62]

394. *kin te jaṭāhi dummedha,*
kin te ajinasāṭiyā,
abbhantaran te gahaṇaṃ,
bāhiraṃ parimajjasi.

---

62. PTS sukhi *(= suci)*

391. Aquele que pelo corpo, pela fala ou pela mente
não fere,
Que nestes três pontos é controlado –, a este,
"brâmane" eu chamo.

392. Aquele de quem pudesse alguém conhecer o Darma
ensinado pelo Perfeitamente Iluminado,
A este deveria ele devotamente reverenciar como
o brâmane ao fogo sacrifical.

393. Não pelos cabelos trançados, não pela família e nem
pelo nascimento alguém se torna um brâmane;
Naquele em quem há verdade e retidão, ele é um
abençoado, ele é um brâmane.

394. Qual (a serventia) de teus cabelos trançados, ó tolo!
Qual da tua roupa de pele de antílope?
Teu interior é uma selva, (enquanto) o exterior tu
limpas.

395. *paṃsukūladharaṃ jantuṃ*
kisaṃ dhamanisanthataṃ
ekaṃ vanasmiṃ jhāyantaṃ
tam ahaṃ brūmi brāhmaṇaṃ.

396. *na c' āhaṃ brāhmaṇaṃ brūmi*
yonijaṃ mattisambhavaṃ
bhovādi nāma so hoti
sa ce hoti sakiñcano,
akiñcanaṃ anādānaṃ
tam ahaṃ brūmi brāhmaṇam.

397. *sabbasaṃ yojanaṃ chetvā*
yo ve na paritassati
saṅgātigaṃ visaṃyuttaṃ
tam ahaṃ brūmi brāhmaṇam.

398. *chetvā naddhiṃ varattañ ca*
sandānaṃ sahanukkamaṃ
ukkhittapaḷighaṃ buddhaṃ
tam ahaṃ brūmi brāhmaṇaṃ.

399. *akkosaṃ vadhabandhañ ca*
aduṭṭho yo titikkhati
khantībalaṃ balāṇīkaṃ
tam ahaṃ brūmi brāhmaṇaṃ.

395. A pessoa que veste trapos de refugo, que é emaciado,
que está de veias salientes coberto,
Que medita na floresta, solitário –, a este, "brâmane"
eu chamo.

396. Eu não o chamo de brâmane, porque sua origem é ter
surgido d'uma mãe (brâmane);
Ele tem o nome de "o que se dirige por 'caro'"[118], se
ele tem possessões.
O que é livre de possessões e livre de apegos –, a este,
eu chamo um "brâmane".

397. Aquele que deveras não se atemoriza, e que todos os
grilhões tenha cortado,
Que de todo liame escapou e que é desprendido –, a
este, "brâmane" eu chamo.

398. Aquele que a tira, a correia e a corda, junto com os
acessórios, tenha cortado,
Que a barra tenha para cima jogado[119], e que é um
iluminado –, a este, "brâmane" eu chamo.

399. Aquele inofensivo que atura a flagelação, as prisões
e o abuso,
Que tem a paciência como força e a força como
hoste –, a este, "brâmane" eu chamo.

400. *akkodhanaṃ vatavantaṃ*
sīlavantaṃ anussutaṃ
dantaṃ antimasārīraṃ
tam ahaṃ brūmi brahmaṇaṃ.

401. *vāri pokkharapatte va*
āragge-r-iva sāsapo
yo na limpati kāmesu
tam ahaṃ brūmi brāhmaṇaṃ.[63]

402. *yo dukkhassa pajānāti*
idh' eva khayam attano
pannabhāraṃ visaññuttaṃ[64]
tam ahaṃ brūmi brāhmaṇaṃ.

403. *gambhīrapaññaṃ medhāviṃ*
maggāmaggassa kovidaṃ
uttamatthaṃ anuppattaṃ
tam ahaṃ brūmi brāhmaṇam.

404. *asaṃsaṭṭhaṃ gahaṭṭhehi*
anāgārehi c' ūbhayaṃ
anokasāriṃ appicchaṃ
tam ahaṃ brūmi brāhmaṇam.

---

63. PTS *lippati*

64. Leitura alternativa: *visaṃyuttaṃ*

400. Aquele que é livre de cólera, que é observante dos
Preceitos Morais, que é livre de todo aviltamento,
Que é autocontrolado e tem seu último corpo –,
a este, "brâmane" eu chamo.

401. Como a semente de mostarda à ponta da sovela,
como a água a uma folha de loto,
Aquele que (assim) aos prazeres não adere –, a este,
"brâmane" eu chamo.

402. Aquele que conhece, aqui mesmo, o fim do seu
próprio sofrimento,
Cujo fardo está liquidado e é desprendido –, a este,
"brâmane" eu chamo.

403. Aquele cujo saber é profundo, que é inteligente, que
está familiarizado com o Caminho dentre os
caminhos,
E que alcançou o objetivo supremo –, a este,
"brâmane" eu chamo.

404. O que está de ambos leigos e ascetas afastado,
Que anda sem moradia e é frugal –, a este,
"brâmane" eu chamo.

405. *nidhāya daṇḍam bhūtesu*
tasesu thāvaresu ca
yo na hanti na ghāteti
tam aham brūmi brāhmaṇaṃ.

406. *aviruddhaṃ viruddhesu*
attadaṇḍesu nibbutaṃ
sādānesu anādānaṃ
tam ahaṃ brūmi brāhmaṇaṃ.

407. *yassa rāgo ca doso ca*
māno makkho ca pātito
sāsapo-r-iva āraggā
tam ahaṃ brūmi brāhmaṇaṃ.

408. *akakkasaṃ viññāpaniṃ*
giram saccam udīraye
yāya n' ābhisaje kañci
tam ahaṃ brūmi brāhmaṇaṃ.

409. *yo' dha dīghaṃ va rassaṃ vā*
aṇuṃ thūlaṃ subhāsubhaṃ
loke adinnaṃ nādiyati[65]
tam ahaṃ brūmi brāhmaṇaṃ.

---

65. PTS *nādiyate*

405. Aquele que com relação aos seres animados e
inanimados[120] tenha posto a vara de lado,
Que não mata e não causa a morte –, a este,
"brâmane" eu chamo.

406. Aquele que é amistoso entre os hostis, que entre
os que empunham a vara é pacífico,
Que é desapegado entre os apegados –, a este,
"brâmane" eu chamo.

407. Aquele cuja luxúria e ódio, orgulho e hipocrisia,
tenham caído
Como uma semente de mostarda da ponta d'uma
sovela –, a este, "brâmane" eu chamo.

408. Aquele que profere palavras polidas, instrutivas e
verdadeiras,
De maneira que qualquer um por elas não se
ofenda –, a este, eu chamo de "brâmane".

409. Aquele que, aqui neste mundo, não toma o que
não lhe é dado,
Seja isto bom ou ruim, longo ou curto, grande ou
pequeno –, a este, "brâmane" eu chamo.

410. *āsā yassa na vijjanti*
asmiṃ loke paramhi ca
nirāsayaṃ visaṃyuttaṃ
tam ahaṃ brūmi brāhmaṇaṃ.

411. *yassālayā na vijjanti*
aññāya akathaṃkathī
amatogadhaṃ anuppattaṃ
tam ahaṃ brūmi brāhmaṇaṃ.

412. *yo' dha puññañ ca pāpañ ca*
ubho saṅgaṃ upaccagā
asokaṃ virajaṃ suddhaṃ
tam ahaṃ brūmi brāhmaṇaṃ.

413. *candaṃ va vimalaṃ suddhaṃ*
vippasannaṃ anāvilaṃ
nandībhavaparikkhīṇaṃ
tam ahaṃ brūmi brāhmaṇaṃ.

410. Aquele para o qual anseios não existem neste mundo
e no outro,
Que é livre de desejos e desprendido –, a este,
"brâmane" eu chamo.

411. Aquele para o qual apego não existe, que está da
dúvida livre[121], tendo (a verdade) conhecido,
Que tem na não-morte mergulhado –, a este,
"brâmane" eu chamo.

412. Aquele que aqui escapou de ambos, o bem e o mal,
Que é livre de tristeza e aviltamento, que é puro –,
a este, "brâmane" eu chamo.[122]

413. Aquele que é imaculado como a lua, puro, sereno
e imperturbado,
Cujo regozijo em vir-a-ser[123] está extirpado –, a este,
"brâmane" eu chamo.

414. *yo imaṃ palipathaṃ duggaṃ*[66]
saṃsāraṃ moham accagā
tiṇṇo pāragato jhāyī
anejo akathaṃkathī
anupādāya nibbuto
tam ahaṃ brūmi brāhmaṇaṃ.

415. *yo' dha kāme pahatvāna*
anāgāro paribbaje
kāmabhavaparikkhīṇaṃ[67]
tam ahaṃ brūmi brāhmaṇaṃ.

416. *yo' dha taṇhaṃ pahatvāna*
anāgāro paribbaje
taṇhābhavaparikkhīṇaṃ
tam ahaṃ brūmi brāhmaṇaṃ.

417. *hitvā mānusakaṃ yogaṃ*
dibbaṃ yogaṃ upaccagā
sabbayogavisaṃyuttaṃ
tam ahaṃ brūmi brāhmaṇaṃ.

---

66. Leitura alternativa: *yo' maṃ*

67. PTS *kāmābhava-*

414. Aquele que este atoleiro, difícil de cruzar, do samsara e delusão atravessou,
Que tendo cruzado ganhou o outro lado, que é meditativo, que está livre da dúvida[121] e desejo,
Que não estando apegado foi pacificado –, a este, "brâmane" eu chamo.

415. Aquele que aqui, tendo renunciado aos prazeres sensuais, um errante sem-casa se tornou,
E cujo desejo em vir-a-ser está extirpado –, a este, "brâmane" eu chamo.

416. Aquele que aqui, tendo renunciado ao anelo, um errante sem-casa se tornou,
E cujo anelo pelo vir-a-ser está extirpado –, a este, "brâmane" eu chamo.

417. Aquele que, tendo deitado fora o jugo[124] humano, transcendeu o celestial jugo,
Que de todo jugo está separado –, a este, "brâmane" eu chamo.

418. *hitvā ratiñ ca aratiñ ca*
sītibhūtaṃ nirūpadhiṃ
sabbalokābhibhuṃ vīraṃ
tam ahaṃ brūmi brāhmaṇaṃ.

419. *cutiṃ yo vedi sattānaṃ*
upapattiñ ca sabbaso
asattaṃ sugataṃ buddhaṃ
tam ahaṃ brūmi brāhmaṇaṃ.

420. *yassa gatiṃ na jānanti*
devā gandhabbamānusā
khīṇāsavaṃ arahantaṃ
tam ahaṃ brūmi brāhmaṇaṃ.

421. *yassa pure ca pacchā ca*
majjhe ca n' atthi kiñcanaṃ
akiñcanaṃ anādānaṃ
tam ahaṃ brūmi brāhmaṇaṃ.

422. *usabhaṃ pavaraṃ vīraṃ*
mahesiṃ vijitāvinaṃ
anejaṃ nhātakaṃ buddhaṃ
tam ahaṃ brūmi brāhmaṇaṃ.

418. Aquele que é impassível, que é livre de paixões, que
tenha deitado fora o aprazimento e desagrado,
O herói que todos os mundos conquistou –, a este,
"brâmane" eu chamo.

419. Aquele que totalmente sabe dos seres o nascimento
e desaparecimento,
Que é desprendido, bem-aventurado[125] e
iluminado –, a este, "brâmane" eu chamo.

420. Aquele de quem os devas, os *gandhabbas*[33] e os
homens desconhecem o destino[126],
Cujos cancros estão extintos e que é um *Arahat* –,
a este, "brâmane" eu chamo.

421. Aquele para quem não há nada no passado, no
presente e no futuro[127],
Que não possui nada e é desapegado –, a este
"brâmane" eu chamo.

422. O que é um viril[128], um eminente, um herói, um
grande sábio, um vitorioso,
Que é falto de desejo, um consumado, um
iluminado[129] –, a este, "brâmane" eu chamo.

423. *pubbenivāsaṃ yo vedi*
saggāpāyañ ca passati
atho jātikkhayaṃ patto
abhiññāvosito muni
sabbavositavosānaṃ
tam ahaṃ brūmi brāhmaṇaṃ.

423. Aquele que sabe suas moradas[130] anteriores e avista
céu e inferno[131],
Que também alcançou o término dos nascimentos,
o sapiente aperfeiçoado pelo elevado conhecimento,
E que tem findada toda sua consumação –, a este,
“brâmane” eu chamo.

NOTAS

1. Uma das estrofes de mais difícil tradução, dada a gama considerável de significados que a palavra *dhammā* (pl.) tem. Alguns dos significados básicos são: fenômenos ou princípios (morais, naturais); hábitos ou costumes, ou comportamentos (bons ou maus); constituições ou elementos do caráter; eventos, coisas (mentais-emotivas); faculdades (mentais-emotivas).
   Dado o conteúdo desses dois versos do *Dhammapada,* optamos pelas palavras "fenômenos mentais", que abrange, entre outros, pensamentos, idéias, imagens, recordações, fenômenos cognitivos e conativos.
   O significado deste par de versos é claro: o caráter amolda-se à, e modela-se com base na atuação da mente, pela qual é completamente dominado. A mente tem o pensamento como meio de expressão. Logo, nós somos aquilo que pensamos.
   De acordo com a psicologia budista, dentre todas as faculdades mentais, a mente é a mais poderosa e a predominante. Por esta razão, no Budismo, a revolução da consciência e a transformação da natureza humana necessária para se alcançar a libertação final (*Nibbāna*) começam pelo adestramento, pela domação desta mesma mente, conforme inúmeras alusões que serão encontradas em outras estrofes mais adiante. O que nós, no Ocidente, chamamos vagamente de "meditação", chama-se, em verdade, no Budismo, de *bhāvanā*, ou seja, "desenvolvimento" ou "cultura" mental.
2. Traduzido às vezes por "O Tentador", "O Mau".
   Vide glossário: *Māra*.
3. *Saddhaṃ* é traduzido variavelmente por fé ou confiança. Para evitar uma possível confusão com a "fé" conforme entendida em outras religiões, cumpre esclarecer que a conotação da palavra *saddhā* é mais de confiança com boa fé. Quando alguém decide iniciar-se na prática budista, não possui ainda nenhuma experiência pessoal que possa ajudá-lo a comprovar se o ensinamento budista é verdadeiro ou não. Mas, tendo em mira o fato de o Buda, assim como os Arahats, terem sido pessoas iluminadas, ele supõe que outros possam também chegar a isso, ou que possam, pelo menos, se aproximar desta meta; com isto, ele ganha certa confiança

misturada à boa fé (no falar simples, diríamos "dar uma chance"), que o sustentará até que ele venha a ganhar experiência pessoal necessária a esta comprovação.

4. Aqui há um jogo de palavras: *kāsāvaṃ* significa, ao mesmo tempo, um manto tingido, símbolo do ascetismo; e também, impureza. *Anikkasāvo* (*a* + *ni* + *kasāvo*): não + estar livre + de impurezas. Este jogo de palavras não pode ser vertido em português.

5. *Duggati* e *sugati*, a esfera inferior e a superior; as vezes traduzidos, respectivamente, por inferno ou purgatório e céu. Todos os seres viajam para cima ou para baixo, dependendo de seus feitos. De acordo com o Budismo, existem outros estados habitáveis, além da terra; todos, porém, são efêmeros.
   O *duggati* compreende o inferno ou purgatório, o reino dos animais, o reino dos *petas* e o reino dos *asuras*. O *sugati* engloba a terra (dos homens) e as seis esferas celestiais.
   Veja *A Roda da Vida*, edições C.E.B. (Centro de Estudos Budistas)

6. Vide glossário: *Moha*.

7. *Amata* (*a* + *mata*): alusão ao *Nibbāna*/Nirvana, aqui expresso em forma negativa. Alguns o traduzem, equivocadamente, por "imortal"; a rigor, o que é imortal agora, o foi sempre. Mas, no Budismo, a referência é a uma pessoa que fora, no passado, mortal e que, após inúmeros renascimentos e graças ao seu desenvolvimento espiritual, atingiu este estado que não é nem mortal nem imortal. Talvez pudéssemos dizer "amortal", assim como dizemos "amoral".
   Vide glossário: Nirvana.

8. Literalmente, "árias"; em páli *ariya*.
   Vide glossário: árias.

9. Literalmente, "abrigo ou segurança do jugo (da vida)".

10. Estado de "iluminação, libertação".
    Vide glossário: Nirvana.

11. É outro nome de Sakka, o rei dos deuses (devas); na religião indiana chama-se Indra. Ele é o senhor dos seres celestiais no céu chamado "Trinta e Três" (tāvatiṃsa).
    Vide glossário: deva.

12. Deva. Vide glossário.

13. Monge-mendicante da Ordem Budista; *bhikkhu* em páli, *bhikshu* em sânscrito. *Bhikkhu* (mendicante) é um termo exclusivamente budista para o monge-mendicante. Dado que o equivalente em sânscrito é usado largamente e já faz parte dos dicionários em muitas línguas ocidentais, estamos adotando esta forma, embora ainda não conste nos dicionários brasileiros.
Vide glossário: *bikshu*.

14. *Saṃyojana*. Vide glossário.

15. *Citta* deriva-se da raiz *cit*, que significa pensar, refletir.
Seu significado básico é "coração" (psicologicamente), isto é, o centro e o foco da natureza emocional do homem, e também aquele elemento intelectual que acompanha suas manifestações: o pensamento. Na psicologia indiana e budista *citta* é a sede e orgão do pensamento (mente), conforme indicado na estrofe 37.
O significado de *citta* é melhor entendido se explicado por expressões familiares tais como: "com todo o meu coração"; "alma e coração"; "não tenho coração para fazer isto"; "com o coração fraquejando"; etc. Todas estas enfatizam o lado emocional e conativo do "pensamento" mais do que seu lado mental e racional. Poderá o *citta*, portanto, ser explicado por: intenção, impulso, desígnio, disposição, estado mental, reação a impressões, etc.
É somente mais tarde, com o desenvolvimento dos estudos psicológicos budistas, que o termo "pensamento" é aplicado no seu sentido técnico. Considerando a provável data de compilação do *Dhammapada* é que decidimos traduzi-lo por "coração", e por estar mais consoante ao caráter moral da obra; "pensamento" deverá ser entendido da mesma maneira.

16. Darma. Vide glossário.

17. *Yama*. Ele representa um elemento da antiga crença popular indiana que o Budismo reteve e transformou, imbuindo-o de novas características. Velhice, doença e a morte que se aproxima são seus mensageiros, enviados como advertências aos homens para não levarem vidas descuidadas e imorais. Ao morrerem, os homens

são examinados quanto à atenção que teriam dispensado a estes mensageiros; se não dispensaram, são então despachados aos vários infernos apropriados. O *Yama*, assim, representa, em termos populares e mitológicos, a idéia budista de que as ações morais de um homem inevitavelmente trazem suas apropriadas recompensas ou penalidades.

Sobre ele veja *A Roda da Vida*, edições C.E.B.

18. O deus indiano do amor, *Kamā*, usa setas floreadas que aqui são atribuídas ao *Māra*.
19. Um tipo de arbusto (*Tabernaemontana Coronaria*) do qual um pó fragrante é feito.
20. Ciclo de renascimentos. Vide glossário: Samsara.
21. *Kammaṃ* = carma. Carma foi traduzido variantemente por atos, feitos ou ações. Vide glossário.
22. Alusão aos hábitos de comer de certos ascetas e brâmanes, que se supunha serem meritórios. Este tipo de prática não era o caminho adequado, de acordo com os budistas, para purificar um homem.
23. Pândita: estudioso das Escrituras, isto é, da tradição oral, porque naquela época ainda não estava escrita. Ele faz uso dessas Escrituras, sabiamente.
24. *Ariyā*: alusão ao Buda e outros Arahats.
25. "Outra margem" significa Nirvana; "esta margem", a vida terrena, o Samsara.
26. De acordo com uns, as impurezas seriam: paixão, cólera, ignorância, arrogância e orgulho; de acordo com os *Comentários do Dhammapada*, elas são iguais aos Cinco Impedimentos (*nīvaraṇa*): desejos sensuais, má-vontade, modorra e torpor, irrequietude e escrúpulos, e dúvida cética ou indecisão.
27. *Sambodhi*. Os Constituintes são sete: mentação plena (*sati*); exame dos processos mentais ou do Darma (*dhammavicaya*); energia (*viriya*); êxtase ou júbilo (*pīti*); serenidade (*passadhi*); concentração (*samadhi*) e equanimidade (*upekhā*).
28. *Āsava*. Vide glossário.
29. Vide glossário, Arahat.

30. Existem quatro laços (*gantha*): cobiça, má-vontade, apego ou indulgência em ritos e cerimônias, e fanatismo dogmático.

31. Literalmente: sem signo ou marco; não-formado, não-criado, sem causação.
O Nirvana é libertação; é Vazio porque está vazio de luxúria, ódio e ignorância; é Incondicionado porque, de acordo com os *Comentários do Dhammapada*, é sem causação, estando nele ausentes paixão e outras causas.

32. *akataññū*. Esta palavra deu lugar a dois significados etimológicos: (1) *a* + *kata* + *ññū*, lit. "não saber ou reconhecer o que foi feito (por alguém)", i.é., "ingrato"; esta é a acepção dominante no Cânone. (2) *a* + *kata* + *ññū*, "conhecer o que não foi feito/ criado"; só aparece na literatura pós-canônica e, provavelmente, no *Dhammapada* estrofe 383. A nosso ver, dar esta segunda acepção à estrofe 97 é um equívoco.

33. *Gandhabba*, em sânscrito *gandharva*. Uma classe de seres celestiais, que são considerados como a classe mais baixa dos devas. Renascimento como *gandhabba* é visto como resultado da observância de um mínimo de preceitos morais somente. Os *gandhabbas* são considerados músicos da esfera celestial; eles atendem também aos devas superiores.

34. *Brahmunā*, o deus da criação na religião indiana. Na mitologia budista popular ele é o governante da última e superior esfera celestial.

35. Alusão ao surgimento e dissolução de todas as coisas condicionadas: o fenômeno de impermanência.

36. *Nirayaṃ* (*ni* + *aya* = destituído de felicidade) é sinônimo de *duggati*. *Saggaṃ* (*su* + *agga* = pleno de felicidade) é sinônimo de *sugati*. Ver nota 5.

37. *Dukkhaṃ*. Vide glossário.

38. Sinais externos de ascetismo de uma classe de ascetas-errantes da Índia, que Buda rejeitava porque não eram conducentes à eliminação das paixões.

39. *Sāmaṇa*: asceta, recluso, filósofo itinerante, um título originalmente aplicado com desdém ao Buda e seus discípulos, pelos brâmanes. A palavra é etimologicamente derivada de *sam*, que significa aquietar ou domar; daí a referência na estrofe 265.

40. Sobre a característica de cada uma destas classes de pessoas, conforme entendido pelo Budismo, veja capítulos XXV e XXVI.

41. *Samādhi.* Vide glossário.

42. De acordo com o comentarista Buddhaghosa, "conhecimento" (*vijjā*) refere-se aqui aos oito tipos de conhecimento, a saber: os Seis Poderes Espirituais Superiores (*abhiññā*) – poderes mágicos, divino ouvido, penetração na mente dos outros, divino olho, lembrança das existências anteriores e extinção de todos os cancros –; Introvisão (*vipassanā*) e Poder Mágico (*iddhi*). "Conduta" (*caraṇa*) refere-se a quinze coisas: continência moral, vigia dos sentidos, moderação na comida, alerta, confiança (fé), vergonha moral, temor moral, grande aprendizagem, energia, plena atenção, sabedoria e as quatro absorções (meditativas).

43. Veja estrofe 80.

44. Literalmente, "carne".

45. De acordo com a tradição budista, estas seriam as palavras triunfantes que Buda proferiu logo ao atingir a Iluminação, à sombra da árvore Bo. Consoante comentários tradicionais, o "construtor-da-casa" seria a sede ou anelo que causa o renascimento; as "vigas" são os aviltamentos e a "cumeeira", a ignorância, a raiz-causa de todos os aviltamentos.

46. Riquezas espirituais?

47. De acordo com o Budismo, não há nenhuma entidade imutável ou alma permanente no homem. Aqui o termo *atta* (eu) é aplicado ao corpo como um todo, ou à personalidade ou à mente.

48. A noite é dividida em três vigílias de três horas cada. Alguns vêem neste verso uma referência aos três estágios da vida: infância, juventude e velhice.

49. Não há aqui nenhuma exortação egoísta; quanto mais uma pessoa avança no caminho da prática espiritual, maior será sua capacidade de ajudar aos outros. Veja estrofe 158.

    No *Bhagavad-Gītā* (III, 35) lemos: "Melhor o seu próprio Darma, conquanto mal cumprido, do que o Darma dos outros, embora ele seja bem cumprido".

50. No Hinduísmo "o cisne" é o nome místico do ser emancipado que vai ao Sol e não mais renasce. Ele tem poder mágico (*iddhi*) que é conseguido pelo desenvolvimento mental, possibilitando a este voar através do ar, andar sobre a água, assumir múltiplas formas, etc. Tais tipos de poderes são psíquicos e supranormais, mas não miraculosos.

51. As hostes de *Māra* são descritas pelo Buda como sendo décuplas: luxúria; aversão; fome e sede; anelo; modorra e torpor; medo; dúvida; hipocrisia e estupidez; ganho, fama, honra e glória falsamente obtidos; auto-elogio e desprezo pelos outros. (*Padhāna Sutta, Sutta Nipata*).

52. *Sotāpatti* é o termo técnico para o primeiro estágio dentre quatro, no caminho que conduz ao Nirvana. O *sotāpanno* terá mais sete nascimentos até atingir o estado do *Arahat* e a emancipação.

53. *Buddhaṃ*. Vide glossário: Buda.

54. *Pātimokkha*, em sânscrito *Prātimokṣa*. É o Código Disciplinar dos *bikshus* budistas, que consiste de mais de 200 ofensas (regulamentos), na ordem descendente de seriedade, e que é recitado nos dias de *uposattha* (lua cheia e lua nova) perante a comunidade reunida, nos diversos mosteiros. Um *bikshu* que seja culpado de uma destas ofensas, confessa a matéria e recebe a punição apropriada ou a absolvição.

55. O Tríplice Refúgio (*ti-saraṇa*) dos budistas: Buda é o mestre que mostra o caminho para a libertação; o Darma é o caminho e a prática; a Ordem (*saṇgha*) é a comunidade dos discípulos que atingiram ou se esforçaram em atingir a meta, a libertação final. Esta tríade é chamada também de Três Jóias (*ti-ratana*). "Tomar refúgio no Buda" não deve ser entendido como se alguém esperasse ser por ele salvo. A confiança de um seguidor de Buda é como aquela dum doente no seu médico, ou dum estudante no seu mestre. Veja estrofe 165.

56. Todo o ensinamento de Buda está resumido nesta fórmula das Quatro Nobres Verdades (*ariya-sacca*).
Vide glossário: *sacca*.

57. Este capítulo é aplicado especialmente aos que se retiraram do mundo ou àqueles que atingiram elevado nível no seu desenvolvimento mental.

58. *Ābhassara*: irradiante, radioso, brilhante; *ābhassarā devā*: *(lit.)* devas radiantes/ fulgentes. Espécie de seres descritos no Cânone Páli como habitantes de um mundo chamado *ābhassaraloka*, o mundo/esfera da radiância/fulgor. No Dīgha Nikāya eles são reconhecidos apenas como seres; provavelmente, é na literatura mais tardia que eles vieram a ser considerados como devas. O mundo *ābhassara* é onde parte dos seres vão aparecer (renascer) quando o sistema-mundo começa a se dissolver, no seu ciclo permanente de evolução (*vivaṭṭa*) e involução (*saṃvaṭṭa*). De acordo com *Aggañña Sutta,* os ābhassaras são habitantes do mundo de onde os seres renascem (provêm) quando da re-evolução da Terra que já tivera sua involução. Esta esfera não é a mais elevada, mas está, talvez espacialmente e com certeza espiritualmente, acima do mundo de Brahmā. Ela não está sujeita à destruição e, portanto, é um dos locais de onde provêm os seres quando da evolução do mundo. Ao contrário, o mundo de Brahmā é destruído pela conflagração, mas reaparece num dos estágios preliminares da evolução.

59. *Khandha*. Vide glossário.

60. *Saṅkhāra*. Vide glossário.

61 Há alguma anomalia aqui no original páli. Se fosse traduzido ao pé da letra, seria: "mas sábia é associação com o agradável (feliz)...", o que é absurdo. Por isso, alguns tradutores o modificaram por conta própria. Felizmente encontramos, por acaso, um pequeno estudo do Prof. Dr. V. Lesny (*Journal of the Pali Text Society*, 1924-27, pág. 235), no qual ele analisa esta estrofe e a coteja com outras versões do *Dhammapada* (sânscrito, *kharoṣṭhī*, etc.), e propõe que a palavra *dhīro* (nominativo singular) fosse modificada para *dhīre* (instrumental plural), que seria, provavelmente, a versão correta dum texto primário que teria servido de base a todas as versões. Nossa versão baseia-se neste estudo.

62. *Anakkhāta* = Nirvana.

63. *Uddhaṃsota*, em sânscrito *ūrdhaṃsrotas*. A referência é a um *anāgāmin*, "que não retorna": um nobre discípulo que está no terceiro estágio da santidade. Um ser que, tendo eliminado os cinco grilhões inferiores (Vide glossário: grilhões), após a morte reaparece num mundo superior (entre os devas da "morada pura", *suddhāvāsa*), e sem retornar desse mundo (para a esfera sensual) ele atinge o Nirvana lá mesmo.

64. Ou "nome e forma", *nāmarūpa*. Vide glossário.
65. Nome de um discípulo ao qual Buda se dirige.
66. Veja nota 34.
67. *Yama*. Veja nota 17.
68. *Ariya-bhūmi* = *suddhāvāsa*. Veja nota 63.
69. *Mantā*: hinos, cânticos, verso místico, encantação; a característica do seu emprego é a repetição.
70. *Avijjā*. É a raiz primária de todo mal e sofrimento no mundo, vendando os olhos mentais do homem e impedindo-o de ver a verdadeira natureza das coisas. Ignorância é definida como "não saber ou conhecer as Quatro Nobres Verdades". (*Saṃyutta Nikāya*, XII, 4).
71. Esta é uma recapitulação dos Cinco Preceitos Budistas, *pañcasīla*.
72. Veja nota 41.
73. Veja Capítulo XX.
74. Vide glossário: *Tathāgata*.
75. Literalmente, "que mora no Darma" ou "que tem a Lei como esteio".
76. Ação corporal poderá significar: por meio de todas as faculdades combinadas. É possível que signifique "na prática".
77. *Thera*. Um termo aplicado àqueles *bikshus* que tenham pelo menos dez anos desde a ordenação no *saṅgha*. Quando usado como título, a tradução correta é "sênior".
78. Veja nota 39.
79. *Muni*, sapiente, o silencioso. O Buda era chamado de *Sākyamuni*, "o sapiente do clã Sākya".
80. Vide glossário: *sacca*.
81. Da paixão, luxúria, etc. O Buda é chamado no *Lalita Vistara*, 550, *mahāśalyaharta*, "o grande removedor de espinhos".
82. *Anicca*. Vide glossário.

83. *Dukkha*. Traduzido variavelmente por sofrimento, penoso, dolorido, insatisfatório. Vide glossário.

84. *Anattā*. Vide glossário.
Esses três enunciados (estrofes 277, 278 e 279) são a essência do ensinamento de Buda.

85. *Vana* significa floresta ou selva e é sinônimo de paixão, luxúria.

86. *Sugataṃ*, Bem-aventurado, Bem-andante; a referência é ao Buda.

87. *Antarāya*, impedimento; de acordo com os *Comentários ao Dhammapada*, refere-se à morte.

88. Compare com a estrofe 47.

89. *Maggaṃ*; "este é o caminho, andai por ele" (Isaías, XXX, 21).
Há um dito amiúde citado: "Alguns correm céleres; alguns andam; alguns rastejam penosamente; mas todos aqueles que se mantêm em movimento atingirão a meta". (Citado por Radhakrishnan.)

90. *Kāyagatā-sati*, uma modalidade de meditação; refere-se às vezes à contemplação sobre as 32 partes do corpo, outras vezes a todas as meditações compreendidas pela Contemplação do Corpo, que é a primeira das quatro Fundações da Mentação Plena (*satipaṭṭhāna*), que consiste, em parte, de exercícios de concentração (*samādhi*), e em parte de exercícios de introvisão (*vipassanā*).

91. Estas duas estrofes são explicadas pelos *Comentários ao Dhammapada* alegoricamente: "mãe" é paixão ou sede; "pai" é ignorância ou orgulho; os "dois reis" são as heresias dos eternalistas e dos niilistas; "o reino com seus habitantes" são os seis sentidos ou prazeres sensuais. O "carro-tigre" era uma carruagem coberta de pele de tigre (esta é nossa versão; de acordo com outros estudiosos, isto poderá se referir a um local infestado de tigres, simbolizando a obstrução rumo ao estado de beatitude; mas, como há na estrofe a menção da palavra "quinto", concordamos com aqueles que vêem nisto uma alegoria ao quinto impedimento: dúvida ou indecisão. Veja nota 25). Sobre "o brâmane", veja Capítulo XXVI.

92. As estrofes 296-299 mencionam modalidades (assuntos) de meditação budista.

93. Alguns vêem aqui alusão às paixões, em concordância com a estrofe 283. Nós não vemos como isto poderia harmonizar-se com a estrofe como um todo; a nosso ver a "floresta", aqui, deverá ser tomada literalmente como um local especialmente adequado aos desapegados, aos *Arahats*. Veja estrofe 99.

94. Alguns o interpretam como o momento oportuno de ver e ouvir um Buda. Mas, nas palavras de Buda, "quem vê o Darma vê o Buda, e quem vê o Buda vê o Darma"; portanto, podemos tomar o "momento" como referindo-se ao ensinamento e à prática, os únicos, atualmente, que poderiam afastar o homem do Ciclo de Renascimentos (Samsara).

95. O elefante é um símbolo, no Budismo, de aturamento, força e continência. O próprio Buda foi chamado de *nāga* ou *mahānāga*, "o grande elefante" (*Lalita Vistara*). Numa passagem deste mesmo livro é dada a razão, dizendo que o Buda era *sudānta*, "bem-domado" como um elefante. De acordo com as lendas populares, o Buda teria descido do céu na forma de um elefante para ser nascido aqui na terra. Esta lenda deve ter sido tão difundida e popular que, nos primórdios da arte budista na Índia, é um dos motivos mais predominantes nas esculturas, relevos em pedra e pilares, etc. Nesta mesma época, quando o Buda não era ainda representado com imagens humanas, o elefante era um dos símbolos representativos dele.

96. Dhanapālaka era o elefante favorito do rei de Benares. À época do cio, os elefantes emitem um humor acrimonioso. Esta estrofe é fortemente alegórica: o confinamento refere-se à prisão terrestre do homem, subjugado pela luxúria, etc; o bosque, do qual o elefante sente saudades, é alusivo ao Nirvana.

97. Compare com estrofe 61.

98. *Taṇhā*. Vide glossário.

99. Vide glossário: *taṇhā*.

100. *Saṃgā*. Existem cinco tipos de laços: concupiscência, ódio, delusão, orgulho e opiniões errôneas.

101. Isto é, o passado, o futuro e o presente.

102. A contemplação das impurezas (do corpo) é um dos exercícios de meditação que tem como finalidade libertar a pessoa do apego ao seu corpo.

103. *Nirutti-pada-kovido*, versado nos quatro tipos de conhecimento analítico (*paṭisambhidā*): significado, texto, etimologia e entendimento.

104. Esta foi a resposta de Buda a Upāka, um asceta-errante que, admirado pela compleição radiante do Mestre após este ter alcançado o Nirvana, inquiriu sobre quem seria o mestre dele. (*Majjhima Nikāya*, I. 171).

105. Veja nota 13.

106. Compare com as estrofes 229, 230.

107. "Barco" = corpo; "água" = necessidade de paixões.

108. Refere-se aos primeiros cinco Grilhões.
Vide glossário: Grilhões.

109. Refere-se aos segundos cinco Grilhões.
Vide glossário: Grilhões.

110. As cinco boas qualidades a serem cultivadas são: confiança baseada em fé, atenção plena, esforço ou zelo, concentração e sabedoria.

111. Uma das torturas no inferno. Veja estrofe 308.

112. *Jhāna*, absorção meditativa.
Vide glossário: absorção meditativa.

113. Passagem obscura; não temos nenhuma explicação plausível para dar.
"Casa vazia" = corpo desfeito de paixões?

114. Compare com a estrofe 173.

115. *Brāhmaṇa*. Embora um termo racial originalmente, ele foi transformado pelo Buda para ser aplicado a um homem perfeito, o *Arahat*, conforme se verá pelas definições neste capítulo.

116. Pela continência e meditação.

117. *Pabbajito*.

118. *Bhovādi*: alguém que diz *bho*, uma forma familiar de se dirigir aos iguais ou inferiores. Os brâmanes que não aceitavam Buda como seu mestre assim se dirigiam a ele, enquanto os budistas o chamavam de *bhante*, senhor. Os budistas denominam os arrogantes brâmanes de *bhovādi* em reprimenda.

119. "Tira" = ódio; "correia" = desejo; "corda" = as trinta e seis doutrinas heréticas; "acessórios" = dúvida, ignorância, etc.; "barra" = ignorância.

120. Literalmente: móveis e imóveis.

121. *Akathaṃkathī*, literalmente: que não diz "como? como?".

122. Compare com a estrofe 39.

123. *Bhava*. Vide glossário.

124. *Yogaṃ*, jugo, liame; é outro nome para os quatro cancros.
Vide glossário: *āsava*.

125. *Sugataṃ*, é um dos títulos de Buda.
Veja nota 86.

126. *Gati*, literalmente: ir, destino, destinação, curso de existência. Existem cinco cursos de existência: inferno ou purgatório, o reino dos animais, o domínio dos espectros, o mundo humano e o mundo celestial. Destes, os três primeiros são Estados de Infortúnio (*duggati*), os dois últimos, os Estados de Beatitude (*sugati*). Veja nota 5.

127. Literalmente, "antes, no meio e após".

128. Literalmente, "um touro".

129. *Buddhaṃ*.

130. Significa "vidas".

131. Aquele que conhece os três mundos, a terra, o céu e o inferno, e pode percorrê-los à vontade, chama-se *ñāṇatilōka* "conhecedor dos três mundos".

GLOSSÁRIO

Absorção meditativa. Veja *jhāna*

Agregados. Veja *khandha*.

Anattā (P = páli); ***anātma*** (S = sânscrito). "Não-eu", não-ego, impessoalidade. É a doutrina budista pela qual nem dentro dos fenômenos mentais e corpóreos da existência, nem fora deles, há qualquer coisa que em derradeiro sentido possa ser considerada como entidade-ego (*attā*) auto-existente, alma ou qualquer outra substância imutável. Este é o terceiro dos três Sinais Característicos da Existência, sendo os outros dois *anicca* e *dukkha*; e é uma doutrina inteiramente peculiar ao Budismo, distinguindo-o de todos os outros sistemas filosóficos e religiosos da antiga Índia. Sem uma apreciação adequada do significado de *anattā*, é impossível entender o pensamento budista. No que tange ao homem, o ensinamento de Buda foi de que não existe um real eu ou alma que habite o indivíduo, uma entidade perdurável que seja o agente das ações do indivíduo. Ele é visto, ao invés, como uma disposição temporária de Cinco Agregados (veja *khandha*) não duradouros, mas que são séries de eventos estando numa relação causal com o próximo. Enquanto há, assim, um fluxo de fatores em constante mutação num dado "indivíduo" empírico, há também uma certa continuidade no processo – o suficiente para dar uma aparência, no nível físico e psicológico, de individualidade. O reconhecimento de tal continuidade e o uso de termos e nomes próprios para designar indivíduos particulares são considerados concessão e ajuda a uma economia de linguagem. A doutrina do *anattā* é considerada na tradição budista a verdade mais difícil de ser compreendida, porque a noção de um "eu" permanente está profundamente arraigada nos hábitos do pensamento diário; tanto assim que, no esquema de desenvolvimento mental budista, a captação desta verdade diretamente pela intuição é atribuída apenas às pessoas que já tenham atingido um dos degraus espirituais mais elevados. Isto é geralmente conseguido pela Contemplação do não-eu *(anattānupassanā)*, uma das três principais meditações no Budismo, pela qual se alcança a introvisão *(vipassanā)*.

Anelo. Veja *taṇhā*.

Anicca. "Impermanente", é a primeira das Três Características da Existência. A impermanência é uma feição básica da existência mundana de todos os fenômenos condicionados, sejam estes materiais ou mentais, grossos ou sutis, próprios ou externos. Somente o nirvana *(nibbāna),* que é incondicionado e não-formação, é permanente. A impermanência é empiricamente observável no nível físico no corpo humano, cujos elementos constituintes estão em fluxo constante, completamente à parte da impermanência corpórea mais óbvia que é a diferença entre a infância, juventude, maturidade e velhice. Mais impermanente ainda, porém, na maneira de ver budista, é a cognição, mente ou consciência que surge e cessa de momento em momento. Enquanto a impermanência das coisas físicas é observável pela experiência, a impermanência da consciência não é prontamente discernida, até que seja apontada no decorrer do treinamento budista. "A característica da impermanência não se torna aparente porque, quando não se dá atenção ao surgimento e queda, ela é oculta pela continuidade... No entanto, quando a continuidade é interrompida pelo discernimento do surgimento e queda, a característica da impermanência se torna aparente na sua verdadeira natureza" *(Visuddhimagga,* XXI, 3). É a noção de "surgimento e queda" ou "vir-a-ser" seguido pela dissolução, que está na raiz da noção de impermanência. Tanto o corpo quanto a mente são igualmente vistos como cenas de eventos, corpóreos ou mentais. Cada momento de consciência é visto como sendo formado de causa e condição e como sendo instável e, portanto, como imediatamente se dissolvendo: eles vêm a ser e, tendo sido, desaparecem. Sem uma profunda visão interna da impermanência e insubstancialidade de todos os fenômenos de existência não há atingimento de libertação. A compreensão da impermanência é ganha pela experiência meditativa direta, da Contemplação da Impermanência (*aniccānupassanā*).

Arahant, Arahat (P); ***Arhant, Arhat*** (S). Veja *Arahat.*

Arahat. Literalmente, "o merecedor", também "o consumado". Termo usado no Budismo Theravāda para se referir a uma pessoa que alcançou o estágio final do progresso espiritual. Quatro estágios de realização espiritual eram distinguidos: 1) *sotāpanna*, "o adentrador-de-corrente"; 2) *sakādāgami,* "o que retorna uma vez"; 3) *anāgāmi,* "o que não retorna" e 4) *Arahant. O Arahat* era visto como alguém no qual todos os cancros (*āsava*) que produziram carma adicional, e assim continuação da existência na esfera sensual, foram extinguidos. O estado de *Arahat* é expresso freqüentemente em fórmula de ocorrência reiterada, a mais conhecida das quais é: "Destruído está o (re-)nascimento, vivida está a casta vida, feito está o que havia para ser feito, após esta presente vida não há além". O estado de Iluminação ou *Arahat* não está restrito pela idade ou sexo. Há um exemplo no cânone de um menino de sete anos que teria atingido este estado. Muitas mulheres (*bikshunis*) são nominalmente mencionadas nos antigos textos, como sendo *Arahats*. São conhecidos uns quinhentos homens *Arahats*, que eram *bikshus,* e umas setenta mulheres *bikshunis*; os Comentários mencionam também mais de uma dezena de *Arahats* leigos, mas sua autenticidade está em dúvida.

Ária *(ariya,* P; *ārya,* S). Originalmente um termo racial, significando "nobre"; no Budismo veio indicar nobreza de caráter, e é invariavelmente aplicado aos Budas e *Arahats*.

Ariya. Veja Ária.

Āsava (P), ***āsrava*** (S). Literalmente, "influxos"; traduzido variavelmente por manchas, corrupções, cancros, etc. São vistos, no pensamento budista, como intoxicantes da mente humana, que impedem o progresso espiritual. Nos escritos mais antigos são três: sensualidade *(kāma),* vir-a-ser ou devir *(bhava)* e ignorância *(avijjā)*. Mais tarde, um quarto foi acrescentado: ponto de vista (falso) (*diṭṭhi*). A extinção dos *āsavas* era tida como constituindo o estado de *Arahat,* daí os sinônimos para *Arahat*: *anāsava (an + āsava);* "alguém em quem não há cancros"; *khiṇāsava (khiṇa + āsava),* "alguém cujos cancros estão destruídos" (Veja no *Dhammapada* estrofes 94, 126, 386 para *anāsava,* e 89, 420 para *khiṇāsava).* Supõe-se que os devas estejam ainda amarrados por estes cancros ao ponto de invejar os emancipados (Vide estrofe 183).

Bhava. "Vir-a-ser", "devir" ou "processo de existência", que consiste de três planos: existência sensual (*kāma-bhava*), existência de material-sutil (*rūpa-bhava)* e existência imaterial *(arūpa-bhava).* Todo o processo de existência poderá ser dividido em dois aspectos: 1) processo cármico (*kamma-bhava)*, isto é, o lado carmicamente ativo da existência, sendo a causa do renascimento e consistindo de ações volitivas salutares e insalutares; 2) processo regenerativo ou de renascimento carmicamente produzido, ou seja, o lado carmicamente passivo da existência, consistindo do surgimento e do desenvolvimento de fenômenos corpóreos e mentais da existência, carmicamente produzidos e, portanto, moralmente neutros.

Bhikkhu (P); ***bhikshu*** (S). O equivalente feminino é *bhikkhuni* (P), *bhikshunī* (S). Veja *bikshu.*

Bikshu (*m.*) (*f. bikshuni*). Literalmente, "mendicante". Um membro da Comunidade ou Ordem *(saṅgha)* budista. Um *bikshu* é alguém que se tem devotado à tarefa de seguir o Caminho pela renúncia às distrações dos afazeres mundanos. Ele fia para sua sustentação, nas dádivas dos discípulos leigos, não estando sob nenhuma obrigação de dar qualquer coisa em retorno; mas freqüentemente dedica parte de seu tempo ao ensinamento secular e religioso. Um *bikshu* observa os Dez Preceitos e sua vida é governada pelos 227 regulamentos do Código Disciplinar *(pātimokkha).*

Buda (*Buddha* P/S*)*. "Um Iluminado", "um Desperto"; é um ser distinto dos outros pelo seu conhecimento da Verdade ou Lei (Darma, *Dhamma*). Buda não é um nome próprio, mas apelativo. Pelo ensinamento budista, o conhecimento perfeito, a Lei emancipadora, que tenha sido perdida para o mundo, é mais uma vez redescoberta pelo novo Buda emergente, por ele realizada e claramente proclamada ao mundo. Tal ser é denominado mais precisamente por *Sammā-sambuddha,* o "Perfeitamente Iluminado". A doutrina característica de todos estes sucessivos Budas consiste das Quatro Nobres Verdades (*sacca*) acerca do sofrimento, sua origem, sua extinção e o caminho que leva à sua extinção. Uma vez atingida a Iluminação na sua última vida nesta terra, o Buda perdura como tal enquanto sua vida física dura; após isto, ele não tem qualquer relação com o mundo do espaço e tempo, de acordo com o pensamento do budismo Theravāda. Mas no budismo Mahāyāna, os Budas são considerados seres transcendentais aos quais o apelo para ajuda é permitido por algumas escolas.

Buddha. Veja Buda.

Cancros. Veja *āsava.*

Carma *(kamma,* P; *karma,* S). É a lei universal de ação e conseqüência. O sentido primordial é "ação" ou "feito"; disto segue o significado prático de feito como expressão da vontade do fazedor, e assim o fator causal na condição ou estado do fazedor. Carma torna-se, desta maneira, uma lei de cujo funcionamento ninguém escapa (veja estrofe 127). Cada ser "herda" seu próprio carma, e também continua a produzir mais carma, cujas conseqüências serão sentidas mais tarde. Na análise budista da situação humana, no entanto, o carma não se constitui numa doutrina determinista, porque a pessoa está livre para agir, para melhor ou para pior, dentro da situação que seu carma produziu; seu carma não determina sua resposta à situação, só lhe apresenta os dados da situação em si. Além disso, é a volição, mais do que a ação sozinha, que é, no entender do Budismo, de maior importância e relevância na produção de carma novo. As conseqüências do carma poderão ser experimentadas durante a vida presente do fazedor, ou no nascimento seguinte ou em qualquer outro nascimento subseqüente. De acordo com o Budismo, a volição caracterizada pela avidez, ódio e delusão produz carma insalutar, enquanto a volição caracterizada pelas qualidades opostas produz carma salutar.

Ciclo ou Roda de Renascimentos. Veja Samsara.

Concentração. Veja *samādhi.*

Darma *(dhamma,* P; *dharma,* S). Literalmente, "suporte", "esteio", "mantenedor". É traduzido variavelmente por religião, verdade, doutrina, lei, norma, justiça, retidão, qualidade, virtude, essência, constituinte ulterior, fenômeno, natureza, constituintes da natureza, coisa, objeto da mente, qualidade moral, entidade, etc. No plural, a palavra tem outros significados adicionais: fenômenos ou princípios (morais, naturais); hábitos, costumes ou comportamentos (bons ou maus); constituições ou elementos do caráter; eventos, coisas (mentais-emotivas); faculdades (mentais-emotivas). Alguns destes significados são comuns também a algumas filosofias indianas; outros são peculiares ao Budismo. Buddhaghosa, no seu comentário ao *Dīgha Nikāya,* distingue quatro significados do Darma: tendo referência a boa conduta; instrução moral; doutrina de Buda conforme contida nos textos e lei cósmica (não-eu, insubstancialidade, etc.). Em outro comentário, ele substitui a instrução moral pela condição ou antecedente causal. Os principais significados são, portanto, doutrina ou ensinamento, retidão ou virtude, condição e fenômeno. Destes, o mais proeminente é o primeiro; por este é entendido o *dhamma* (Darma) do Buda, uma das Três Jóias *(ti-ratana)* do sistema budista. Nesta acepção, Darma significa a verdade universal proclamada pelo Buda. O Darma é, ele próprio, ontologicamente anterior ao Buda, que é também a expressão ou a manifestação histórica do Darma (veja Buda). Budas aparecem, a intervalos, no decorrer do tempo; eles vêm e vão, mas o Darma continua para sempre. Nesta acepção, o Darma corresponde de alguma maneira à concepção grega de *Logos*. É neste sentido que o budista recorre ao Darma como refúgio. Os discursos de Buda, desde que proclamam esta realidade ulterior, ou verdade, do Darma, são referidos coletivamente como Darma, ou seja, Doutrina ou Ensinamento (*sāsana*). Uma vida vivida consoante à verdade, ensinada pelo Buda, é uma vida caracterizada pelo Darma, isto é, retidão. O Darma, descoberto e proclamado pelo Buda, é sumariado nas Quatro Nobres Verdades (veja *sacca)*. Darma como objeto da mente pode ser qualquer coisa do passado, presente ou futuro, corpórea ou mental, condicionada ou não, real ou imaginária.

Delusão. Veja Moha.

Deus(es). Veja deva.

Deva. Literalmente, "o radiante"; significa um ser celestial, equivalente ao deus em latim. Os devas são seres que vivem em mundos mais felizes na esfera celestial, de corpos físicos sutis, e são invisíveis aos homens comuns. Eles não são "deuses" no sentido absoluto, porque não são eternos, mas sujeitos, como todos os seres sencientes, ao renascimento, velhice e morte, e assim não estão livres do ciclo da existência e nem do sofrimento. Há muitas classes de seres celestiais.

Devir. Veja *bhava*.

Dhamma. Veja Darma.

Dukkha (P), ***duhkha*** (S). Variavelmente traduzido por "sofrimento", "dor", "insatisfatoriedade", etc. Como a primeira das Quatro Nobres Verdades (veja *sacca)* e a segunda das Três Características da Existência (veja *anattā e anicca),* o termo *dukkha* não é limitado só à experiência dolorosa, mas refere-se à natureza insatisfatória e à insegurança geral de todos os fenômenos condicionados que, devido à sua impermanência, são todos sujeitos ao sofrimento e são insatisfatórios, e isto inclui também a experiência prazerosa. Portanto, "insatisfatoriedade" seria uma tradução mais adequada. Como se vê, a primeira Verdade não nega a existência de experiência prazerosa, como é algumas vezes entendido erroneamente. "Se não fosse a satisfação encontrada neste mundo, os seres não seriam apegados ao mundo... Se não fosse a miséria encontrada neste mundo, os seres seriam repelidos pelo mundo... Se não houvesse escape deste mundo, os seres não poderiam dele escapar." *(Aṅguttara Nikāya,* III,102)

Êxtase. Veja *jhāna.*

Formações. Veja *saṅkhāra.*

Grilhões. Veja *saṃyojana.*

Impermanência. Veja *anicca.*

Insatisfatoriedade. Veja *dukkha.*

Insubstancialidade. Veja *anattā.*

Jhāna (P), ***dhyāna*** (S). Geralmente traduzido por "absorção meditativa", outros o traduzem erroneamente por "êxtase". É um termo técnico designativo dos estágios de progressão através de certos estados mentais, decorrentes da prática de concentração, que tem como resultado uma experiência especial de enlevada vitalidade psíquica. A prática em si não é de todo especificamente budista, tendo sido empregada, com ligeiras variantes, em algumas filosofias-religiões (o Yoga, por exemplo) antes do advento do Budismo. Usualmente quatro estágios são distinguidos, havendo inúmeras passagens no cânone páli que os descreve minuciosamente. Enquanto em outras religiões a experiência adquirida por meio dos *jhānas* era considerada um fim em si mesmo, no Budismo eles servem como meios para progressos espirituais adicionais. Com a divulgação do Budismo em outros países, a palavra *jhāna/dhyāna* sofreu transformações; na sua forma sânscrita, o termo passou a ser denominado no Budismo chinês de *ch'an*, e daí passou para o Japão como *zen.*

Kamma. Veja carma.

Khandha (P), ***skandha*** (S). "Agregado"; traduzido também por "grupo", "categoria". Os Cinco Agregados são os aspectos nos quais o Buda sumariou todos os fenômenos mentais e físicos da existência, e que aparecem ao homem ignorante como seu ego, eu ou personalidade: 1) agregado de corporalidade ou físico (*rūpa*); 2) da sensação ou sentimento (*vedanā*); 3) da percepção (*saññā*); 4) da formação mental (*saṇkhāra*) e 5) da consciência (*viññāṇa*). Cada um destes é um agregado ou grupo de elementos deste tipo que estão continuamente em fluxo; assim a natureza física do indivíduo é, num dado momento, um processo ou fluxo de elementos físicos; similarmente com sensações, percepções, formações-mentais (volições) e consciência. O processo todo constituído pelos Cinco Agregados é um indivíduo humano num dado momento de sua vida histórica; em diferentes estágios nesta história ele exibe aparências e características diferentes. Este processo de mudança contínua é evidente nos diferentes estágios de vida de um indivíduo, como criança, adolescente, homem maduro e velho. Fisicamente o processo de mudança é contínuo; semelhantemente, no nível da sensação-volição e no do estado ou condição da consciência. Estes Cinco Agregados, portanto, nem singularmente e nem coletivamente se constituem numa real entidade-ego autodependente ou personalidade (*attā*). Logo, a crença numa tal entidade-ego como real num sentido ulterior é mera ilusão. Convém frisar que estes Cinco Agregados são simples classificações abstratas usadas pelo Buda na análise da existência humana, úteis como categorias analíticas, mas por si mesmas apenas conceitos, da mesma maneira que "indivíduo" é um mero conceito.

Māra (P/S). Literalmente, "O Matador"; às vezes traduzido por "O Tentador", "O Mau". Ele é tido como um ser demoníaco que é o arquiinimigo de todos quantos procuram viver a vida santa. De acordo com a tradição budista, ele tentou impedir o Buda de alcançar a Iluminação. O Māra aparece de quando em quando ao longo da vida de Buda, por vezes assumindo as formas humana ou animal como disfarce; mas sempre com a mesma completa inabilidade de efetuar qualquer mau propósito contra Buda, que sempre o reconhece sob seu disfarce. Māra é representado como sempre procurando perturbar especialmente os *bikshus* e *bikshunis* budistas quando estão empenhados em meditação, geralmente quando estão prestes a atingir um dos estágios meditativos e seu fruto; isto pode acontecer também a um praticante leigo. Uma notável aparição dele ocorre no *Mahā-Parinibbāṇa Sutta*, onde ele tenta persuadir Buda de que era a hora para ele deixar esta existência mortal e entrar no nirvana final, argumentando que o Buda teria prometido fazê-lo assim que seu ensinamento do Darma tivesse tido sucesso e sua religião, estabelecida entre os homens, e que estas condições já teriam sido preenchidas. Buda, nesta ocasião, concorda com Māra e declara que em três meses ele efetivamente passaria ao *parinibbāna*. Nas religiões indianas este conceito de "O Mau" é peculiar ao Budismo. Māra é um ser cuja natureza combina aquelas forças que militam contra a vida religiosa, especialmente as qualidades moralmente insalutares de avidez, ódio e delusão. Ele é tido como dominando o mais inferior dos três planos de existência: o mundo sensual. Num estágio de entendimento mais avançado e sofisticado, a figura de Māra é vista como sendo um nome para tudo que é impermanente, insatisfatório e impessoal. O papel da crença em Māra, na história do Budismo, parece ter sido o de prover uma transição das noções populares de maus demônios descarnados, à análise mais abstrata da situação humana em termos psicológico-morais, e um meio proveitoso de entender a resistência à vida santificada que um homem pudesse experimentar, resistência esta que pode ser superada pelo seguimento do caminho budista.

Mentação. Veja *sati*.

Mente e corpo. Veja *nāma-rūpa*.

Moha (P/S). Delusão. É a visão errônea que temos das coisas. A delusão refere-se à crença em algo que contradiz a realidade. No Budismo, delusão é sinônimo de ignorância (*avijjā* [P], *avidyā* [S]), uma falta de conscientização da verdadeira natureza ou do verdadeiro significado da existência. De acordo com a visão budista, nós estamos sendo deludidos (ou iludidos) pelos nossos sentidos, entre os quais é incluído o intelecto (pensamento discursivo discriminatório) como sexto sentido. Consciência, ligada aos sentidos, nos conduz ao erro fazendo com que tomemos o mundo das aparências como sendo a totalidade da realidade, quando, de fato, este é somente um aspecto limitado e evanescente da realidade. Há quem diga que delusão é não conhecer e entender as Quatro Nobres Verdades

Monge, monge-mendicante. Veja *bikshu*.

Nāma-rūpa. Literalmente, "nome e forma", "mente e corpo", "mentalidade e corporalidade". No seu significado mais simples, *nāma* é o nome coletivo dos Quatro Agregados Mentais (veja *khandha*), isto é: sentimento, percepção, formações-mentais e consciência; *rūpa* é o quinto, ou seja: o corpo. O *nāma-rūpa* é o quarto elo na Originação Dependente, onde ele é condicionado pela consciência, e por sua vez é a condição para a sêxtupla base-sensorial. Mente e corpo são inseparáveis e interdependentes; e isto foi ilustrado comparando-os, entre outros, a um homem cego com fortes pernas, carregando sobre os ombros um aleijado coxo de aguçada visão: somente por assistência mútua poderão eles movimentar-se eficientemente.

Não-ego. Veja *anattā*.

Não-eu. Veja *anattā*.

Nibbāna. Veja Nirvana.

Nirvana (*nibbāna*, P; *nirvāna*, S). Literalmente a palavra tanto pode significar "ser extinguido" (extinção), "cessar por sopro", quanto "resfriar por sopro". O nirvana constitui a mais elevada e última meta de todas as aspirações budistas, a extinção do "fogo" de, ou o resfriamento da "febre" da avidez, ódio e delusão (os três principais males no pensamento budista); e com estes também a libertação última e absoluta de todo renascimento futuro, velhice e morte, de todo sofrimento e miséria. Para entender melhor o mecanismo de funcionamento do nirvana, devemos lembrar que o "fogo", na metáfora acima, pode ser apagado de duas maneiras: ou por um agente externo (água, por exemplo), ou internamente pela falta de ar (oxigênio). Pelos mais antigos textos do cânone páli, é este segundo meio que prevalece: a pessoa atinge o nirvana por meio da prática budista (desenvolvimento mental e moral) que se vai desenrolando naturalmente, extinguindo pouco a pouco todos os aviltamentos e todos os agregados da existência. Uma vez alcançado o nirvana, continua-se a viver o que restou da vida física. Quando os componentes desta vida mortal tenham atingido o momento de dissolução, isto é, quando a morte do corpo ocorreu, *nibbāna* é completado (*pari*) e isto é conhecido como *pari-nibbāna*. Os escritos sobre nirvana são inúmeros, e se constituem no tema talvez mais desafiador de todo o ensinamento budista. O próprio Buda disse mais de uma vez que o nirvana escapa a qualquer descrição, é inefável. Muitas tentativas de descrição serão encontradas no presente texto (consultar o Índice Páli). O nirvana foi às vezes tomado erroneamente por observadores e estudiosos do Budismo como equivalente a "extinção = aniquilação"; isto decorre de um equívoco ou mal-entendido com relação à palavra "extinção", entendendo-se por isso que seria a vida que estaria sendo aniquilada, quando se trata, na verdade, das paixões. O ponto de vista "aniquilacionista" é explicitamente rejeitado pelo Buda.

Nome e forma. Veja *nāma-rūpa*.

Sacca. "Verdade". As Quatro Nobres Verdades (*cattari ariya-saccāni*) são a mais breve síntese de todo o ensinamento budista; elas são: "A nobre verdade concernente ao sofrimento; a nobre verdade concernente à causa do sofrimento; a nobre verdade concernente à cessação do sofrimento; a nobre verdade concernente ao caminho que leva a esta cessação. Quando estas nobres verdades estão compreendidas e conhecidas, o anelo pelo (re)nascimento adicional é desenraizado, aquilo que leva ao vir-a-ser renovado é destruído, e não há mais renascimento" (*Dīgha Nikāya*, II, 90). A primeira Nobre Verdade declara que a natureza da existência humana é caracterizada pelo sofrimento (veja *dukkha*); a segunda Nobre Verdade dá explicação de como o *dukkha* vem a ser o fator condicionador de toda vida. A existência humana é vista como um processo causal contínuo, o processo repete-se continuamente e assim forma um ciclo. A força-motora que mantém este processo em movimento é a "sede" (veja *taṇhā*) ou anelo. É este que inicia um novo carma, e continua o processo, produzindo como resultado estados-de-ser que são condicionados por *taṇhā* antecedente. Como eles são condicionados pela sede, eles não têm natureza absoluta, são impermanentes, e o processo de decadência e morte é repetido. A terceira Nobre Verdade afirma que esta vida caracterizada pelo *dukkha* poderá ser levada a um termo; que há uma saída deste ciclo repetido aparentemente sem fim, e que outro tipo de "estado" é possível, isto é, o nirvana. A quarta Nobre Verdade aponta para os meios pelos quais esta libertação, esta nova vida, poderá ser conseguida: o Caminho Óctuplo. O seguimento deste Caminho inclui, em si mesmo, o entendimento da primeira Nobre Verdade, o abandono da segunda Nobre Verdade, e a realização do que é prometido na terceira Nobre Verdade. O Caminho Óctuplo é:

1. Visão correta (*sammā-diṭṭhi*)
2. Intenção correta (*sammā-saṅkappa*)
3. Fala correta (*sammā-vācā*)
4. Ação correta (*sammā-kammanta*)
5. Meios de vida corretos (*sammā-ājiva*)
6. Esforço correto (*sammā-vāyāma*)

7. Plena mentação correta (*sammā-sati*)
8. Concentração correta (*sammā-samādhi*)

Samādhi. "Concentração". Literalmente, "o estado mental de estar firmemente fixado". É a prática de meditação na qual se fixa a atenção sobre um só objeto. Concentração – embora freqüentemente muito fraca – é um dos sete concomitantes mentais inseparavelmente associados com toda consciência. Três graus de intensidade são distinguidos: 1) concentração preparatória; 2) concentração de acesso, onde o estado de *jhāna* (veja glossário) está sendo aproximado; e 3) concentração de atingimento, isto é, concentração presente quando o estado de *jhāna* foi alcançado. Concentração é um dos Sete Fatores de Iluminação, e uma das Cinco Faculdades e Poderes Espirituais. Ela é também o último elo do Caminho Óctuplo.

Samsara (*saṃsāra*, P/S). "Ciclo ou Roda de Renascimento". Literalmente, "perambular perpétuo". O termo refere-se à noção de se andar através de uma vida após outra, num processo que parece infindável e inexorável. O Budismo argumenta que para apreciar adequadamente a verdade de *dukkha* (sofrimento) envolvido em toda existência, não é suficiente considerar um só tempo de vida, no qual *dukkha* poderá ou não ser imediatamente aparente; alguém deve ter em vista toda a medonha e infindável corrente de renascimentos e a soma de misérias nela contida. O samsara refere-se não só aos seres humanos, mas também aos animais. Somente no estágio da existência humana poderá o samsara ser transcendido e a libertação alcançada.

Saṃyojana. "Grilhões". São dez os grilhões que amarram os seres ao oceano da vida ou roda da existência: 1) auto-ilusão; 2) dúvidas; 3) indulgência em meros rituais e cerimônias; 4) desejos sensuais; 5) má vontade; 6) a sede pela existência de puro material; 7) a sede pela existência imaterial; 8) vaidade ou presunção; 9) irrequietude, e 10) ignorância. Os cinco primeiros são chamados "grilhões inferiores" porque amarram ao mundo sensual. Os cinco restantes são chamados "grilhões superiores" porque amarram aos mundos superiores, isto é, os mundos imateriais e de matéria-fina. Aquele que é liberto de 1-3 é um "adentrador de corrente"; aquele que superou (em adição a 1-3) o 4 e o 5 na sua forma geral é um "que retorna uma só vez" (a este mundo); aquele que é completamente livre de 1-5 é um "que não retorna"; e o que está livre de todos os Dez Grilhões, é um *Arahat*.

Saṅkhāra. Nos seus usos mais freqüentes, foi aplicado o termo "formação". No *Dhammapada* ele tem principalmente dois sentidos: 1) o quarto agregado da existência (veja *khandha*) que inclui todas as formações mentais, pertençam elas ou não à consciência "carmicamente formadora"; e 2) ele tem o sentido de qualquer coisa formada, criada e condicionada, e inclui todas as coisas existentes no mundo, todos os fenômenos da existência. Neste sentido ele aparece, por exemplo, na passagem conhecida: "Todas as formações são impermanentes... sujeitas ao sofrimento".

Sati. (P), **smriti** [**smṛti**] (S). Mentação plena (muitos o traduzem erroneamente por "plena atenção"; os ingleses o traduzem corretamente por "mindfulness"). A atenção é uma fase preliminar que antecede à *sati*, sendo a sua função manter em foco o(s) objeto(s) da meditação. Quando estável, ela é denominada *yoniso manasikāra*, "atenção plena" ou "atenção judiciosa". Calcada na atenção, estabelece-se um "estar cônscio" permanente, uma apreensão mental mais aprofundada dos fenômenos objetos da meditação, que denominamos "mentação plena". A idéia básica nos exercícios de mentação plena (*sati*) é que os processos corporais ou mentais devem ser acompanhados de perto mediante contemplação ou observação cônscia.

Desta maneira, a consciência é focalizada no presente momento e nos fenômenos pessoais. Esta auto-observação é praticada até tornar-se um hábito. Assim, a pessoa aprende e se conhecer e a expelir de sua mente todas as coisas pertubadoras e irrelevantes. Eis uma das definições mais concisas que Buda deu: "E o que é, discípulos, plena mentação correta? Aqui um discípulo, após ter afastado mágoas e avidez mundanas, habita na contemplação do corpo, dos sentimentos, da mente, dos objetos mentais – atento, ardente e claramente cônscio".

Sede. Veja *taṇhā*.

Sofrimento. Veja *dukkha*.

Taṇhā (P), ***tṛṣṇā*** (S). Literalmente, "sede", traduzido também por "anelo". De acordo com a segunda Nobre Verdade, o anelo é a raiz de todo sofrimento envolvido na existência mortal. A sede está intimamente vinculada, na análise budista, à ignorância e ao carma como forças que perpetuam a existência penosa, isto é, continuam o ciclo de renascimento. No primeiro sermão, o Buda proclamou que se o nirvana era para ser alcançado, então a sede deveria ser eliminada. Três tipos de sede são distinguidas: 1) para prazer sensual; 2) para renascimento, e 3) para não mais renascer (não-existência). Na mitologia budista a sede ou anelo é o quarto membro de *Māra*, sua hoste. Correspondendo aos seis objetos sensoriais há seis tipos de Fontes da Sede, a saber: sede pelos objetos visíveis, pelos sons, pelos odores, pelos sabores, pelos contatos corpóreos e pelas impressões mentais. O termo é usado mais extensivamente em passagens onde a linguagem é popular, pitoresca ou poética, como é o caso atual; ele é menos usado em passagens de análise filosófica. O sinônimo mais comum para a sede ou anelo no budismo é "paixão" ou "luxúria" (*rāga*).

Tathāgata (P/S). É um epíteto freqüentemente usado pelo Buda ao se referir a si mesmo. O significado literal é ou "aquele que tenha assim (*tathā)* vindo ou chegado (ā*gata*)" ou "aquele que tenha lá (*tathā*) ido (*gata*)"; mas a razão para o uso deste termo é ainda incerta, havendo muitas e diferentes explanações para tanto. É dito que o *Tathāgata* não pode ser "descoberto", isto é, conhecido empiricamente, mesmo durante o tempo de vida, muito menos assim após a morte; e que nem os Cinco Agregados de existência (*khandhā*) devem ser tidos como sendo o *Tathāgata*, e nem sequer o *Tathāgata* poderá ser achado fora destes fenômenos corpóreos e mentais.

Três Jóias *(ti-ratana).* (Veja nota 55)

Três Refúgios (*ti-saraṇa*). (Veja nota 55)

Verdade. Veja *sacca*.

Vir-a-ser. Veja *bhava*.

POSFÁCIO

I. DHAMMAPADA. SUA MENSAGEM. SUAS VERSÕES

O Dhammapada no Contexto do Cânone Budista

Os primeiros séculos que se seguiram à passagem de Buda viram a culminação de um processo que levou a cisão às fileiras budistas, começando por discordâncias sobre pontos menores de disciplina e, gradativamente, ampliando-se e aprofundando-se, vindo a abranger importantes pontos doutrinários, resultando, finalmente, na divisão maior do Budismo em mais de duas dezenas de escolas. Grosso modo, estas escolas podem ser classificadas em dois grupos principais: o primeiro abarca as escolas mais antigas, a dos "Anciãos", e veio a ser conhecido por *Hīnayāna*, "o Pequeno Veículo", nome algo desdenhoso que lhe foi dado pelo segundo grupo, que denominou a si próprio de *Mahāyāna*, "o Grande Veículo".

Enquanto o Mahāyāna "transbordava" para a China e, via Coréia, atingia o Japão, penetrava no Tibete e Ásia Central, numa multiplicidade de escolas e seitas características de cada país, as escolas dos "Anciãos", após um florescimento espetacular, iam gradualmente desaparecendo do solo nativo da Índia até não restar nenhuma delas, exceto a escola Theravāda, que sobreviveu em terra alheia. A sobrevivência desta escola deveu-se a um fato histórico anterior: no século 3º a.C. o rei Tissa do Sri Lanka – chamado nas *Inscrições de Ashoka* de Tambapanni – enviou uma embaixada ao imperador da Índia, Ashoka. Em resposta, Ashoka recomendou a religião budista e mandou seu filho, o *bikshu* Mahinda, à ilha para instruir Tissa e seus súditos. As tradições e ensinamentos que Mahinda levara eram os da escola *Theravāda* (o ensinamento dos Anciãos) que, posteriormente, estendeu sua influência a outros países circunvizinhos. Atualmente o Theravāda é praticado em Sri Lanka (antigo Ceilão), Myanma (antiga Birmânia), Tailândia e, até o advento do comunismo, também no Laos e Camboja.

O Theravāda, além de ser a escola budista mais antiga existente, é também a única que possui o mais completo conjunto de escrituras, o chamado "Cânone Páli", que contém na sua forma mais antiga os ensinamentos originais de Buda, e que, pelas estimativas de alguns estudiosos, é tão volumoso quanto aproximadamente doze vezes a Bíblia completa. Este cânone chama-se também *Tipiṭaka* (em sânscrito *Tripitaka*), isto é, "as Três Corbelhas", por dividir-se em três grupos:

1. *Vinaya Piṭaka*, "Livros de Disciplina", consiste de narrativas concernentes ao estabelecimento da Ordem (*saṅgha*) budista e os regulamentos que regem sua vida. Incidentalmente, contém alguns relatos muito importantes da vida e carreira de Buda como tal (isto é, "o Iluminado").

2. *Sutta Piṭaka*, "Livros da Doutrina", que consta de sutras (*sutta*; em sânscrito, *sūtra*) ou "fios (de discurso)", são diálogos de Buda e de alguns de seus discípulos com seus conterrâneos, e também discursos de Buda. Está organizado em cinco coleções ou *Nikāyas*, a saber: *Dīgha Nikāya*, *Majjhima Nikāya*, *Saṃyutta Nikāya*, *Aṅguttara Nikāya* e *Khuddaka Nikāya*.

3. *Abhidhamma Piṭaka*, que contém uma exposição sistemática do que poderia ser chamado de "psicologia budista", e consiste de sete livros nos quais a doutrina, contida em forma popular e apologética nos sutras, é abstraída, ampliada, condensada e sistematizada, às vezes em listas numéricas e sob cabeçalhos-tópicos. Exceção a isto é o livro *Katthāvatthu*, que trata da discussão dos pontos de controvérsia entre as escolas primitivas do *Hīnayāna*.

A quinta coleção do *Sutta Piṭaka* acima mencionado, o *Khuddaka Nikāya*, é uma coletânea de quinze livros heterogêneos, dos quais talvez os mais importantes e interessantes sejam: as *Jātakas* ou "Histórias de Nascimento" budistas; o *Sutta Nipāta*, uma coleção de diálogos poéticos e peças épicas (provavelmente o mais antigo livro de todo o cânone); o *Udāna* ou "Pronunciamentos Solenes de Buda"; e o *Dhammapada*, que ocupa o segundo lugar na ordem numérica desta coleção.

O nome *Dhammapada* é uma palavra composta: *dhamma* + *pada*; *dhamma* significa, entre outras coisas, virtude, ensinamento, doutrina, lei, verdade, retidão, etc; *pada* tem o significado de senda, caminho, trilha, traço, pé, passo, etc. Daqui o nome que a presente tradução recebeu: "A Senda da Virtude"; este nome se harmoniza com o caráter geral da obra e assim aparece nas estrofes 44 e 45.

O texto é uma antologia de ditos ou máximas, em versos, que se referem principalmente aos ensinamentos éticos e morais do Budismo. As 423 estrofes são divididas em 26 capítulos ou seções (*vaggas*), de acordo com o tipo de estrofe ou assunto; por exemplo, o Capítulo I "Os Versos Gêmeos", onde as estrofes são emparelhadas tratando dos aspectos opostos de um enunciado singular. As estrofes são destacadas, o arranjo dos capítulos parece arbitrário; o capítulo sobre "Miscelânea", por exemplo, está no meio, e o do "Buda" não está no fim – o que seria de esperar. A formação e o arranjo em *vaggas* é provavelmente o trabalho do compilador. Em muitos casos, no entanto, várias estrofes juntas formam eventualmente um pequeno poema, tal como os versos da seção "Elefante" 320-322 e 328-330. Dísticos que combinados formam um todo são especialmente freqüentes, exemplo disto encontramos nas estrofes 141 e seguintes.

Os versos do *Dhammapada* são compilados de diversas fontes, mas em nenhum lugar há menção quanto à autoria dos versos. Aproximadamente 26% de todas as estrofes foram localizadas em outros textos do cânone páli (*v.* Apêndice III), e dificilmente pode haver qualquer dúvida de que o compilador não as tenha tomado dos contextos onde nós as achamos hoje. No entanto, a coleção veio talvez a incluir algumas máximas que originalmente não eram de todo budistas, mas foram extraídas daquela inexaurível fonte hindu de sabedoria gnômica, da qual elas também fizeram sua passagem para o livro *Leis de Manu*, para o *Mahābhārata*, para os textos jainistas e para obras narrativas do tipo *Pañcatantra* e outros. É, geralmente, impossível decidir onde tais ditos apareceram pela primeira vez, mas, mesmo quando estrofes adicionais foram acrescentadas às que foram extraídas dos sutras, todos os estudiosos são unânimes em afirmar que isto fora feito estritamente dentro do espírito do ensinamento de Buda.

Sendo uma antologia, as estrofes, obviamente, datam de diversas épocas, mas a estrutura métrica indica como provável data média de compilação o início do século 3º a.C., o que a antecipa ao reinado de Ashoka. O ponto importante a respeito desta antologia é seu caráter popular e não técnico, expressando os ideais morais e sociais do Budismo, e colocando-o em harmonia com a política e a prática que Ashoka estava tentando implementar. Sua influência se sente pelo fato de algumas *Inscrições de Ashoka* conterem passagens paralelas a algumas estrofes do *Dhammapada*. Os budistas consideram o

Dhammapada um compêndio do ensinamento essencial de Buda. Este texto é o mais conhecido e o mais popular de todas as obras da literatura budista; tem sido repetidamente traduzido para línguas ocidentais; é muito citado em todas as obras sobre Budismo, e sempre foi tido em grande estima dado o seu profundo valor moral. Em Sri Lanka o livro tem sido usado pelos noviços, há muitos séculos, como um livro didático que eles estudam antes que possam receber a alta ordenação (*upasampadā*). Por esta razão, praticamente a maioria dos *bikshus* podem recitá-lo de cor do início ao fim, o que é facilitado pela forma versificada do texto. Ele é igualmente popular nos países budistas e não-budistas, porquanto contém idéias de apelo universal. O *Dhammapada* pertence definitivamente à literatura sapiencial do mundo.

Significado e Mensagem do Dhammapada

Que o *Dhammapada* seja altamente estimado pelos budistas é compreensível; a que se deve, no entanto, o fascínio que exerce sobre alguns ocidentais não-budistas, a ponto de levar uma pessoa como o famoso orientalista Irving Babbit a declarar que considerava a tradução desta obra o *opus maximus* de sua vida? Várias explicações foram aventadas por diversos estudiosos que, se tomadas isoladamente, não respondem de todo à indagação, mas em conjunto poderiam fornecer-nos, pelo menos parcialmente, a chave para uma correta compreensão do fenômeno. Foi dito, por exemplo, que muitas estrofes contêm verdades universais – verdades para todos os tempos e todos os países (veja estrofes 54, 121, 122, 163, 174, 182, 227, 252, etc.). O Professor Rhys Davids, fundador do "Pali Text Society", atribui isto, entre outros, ao fato de algumas estrofes apelarem fortemente à sensibilidade ocidental pela beleza religiosa; outros mencionam o próprio ensinamento budista: os ideais de doutrinas éticas, o Nobre Caminho Óctuplo, gentileza e bondade em relação a todos os seres, não-violência, autocontrole, etc.; outros ainda vêem nisto o resultado natural de muitos ensinamentos do *Dhammapada* se assemelharem aos ensinamentos cristãos; tanto Max Müller quanto S. Radhakrishnan trazem, nas suas traduções do texto, inúmeros exemplos deste paralelismo.

Pensamos que uma resenha sumária da mensagem trazida pelo *Dhammapada* – tocando apenas alguns poucos temas importantes –, ajudará a completar o quadro acima traçado; ao mesmo tempo, mencionaremos alguns dos recursos literários empregados no texto que aumentam ainda mais sua atração.

Esta pequena antologia, a exemplo de outras obras budistas, condena todo tipo de sacrifício e as práticas ascéticas de automortificação, e sua ênfase especial é sobre a boa conduta (*sīla*), estabilizada pela concentração (*samādhi*) e fortalecida pela sabedoria (*paññā*). O ensinamento de Buda, em poucas palavras, é: "Não fazer o mal, praticar o bem, purificar a mente..." (veja estrofe 183). Que religião não concordaria com isso?

De acordo com este ensinamento, todas as coisas condicionadas são transitórias, cheias de insatisfatoriedade e, conseqüentemente, incapazes de serem chamadas o "si próprio" de alguém (*anattā*). As pessoas são exortadas a não olhar e não se apegar às atrações externas das coisas, mas a tomar conhecimento de seus desagradáveis aspectos. Ele reconhece a ignorância (*avijjā*) como sendo a mais alta forma de impureza (estrofe 243), e observa que as faltas dos outros são facilmente vistas, mas as próprias são difíceis de ver (estrofe 252) –, "Por que vês tu o argueiro no olho do teu irmão, porém não reparas a trave que está no teu próprio?" (Mateus, 7.3). Mantém, ainda, que este mundo é cego e só poucos vêem, e como pássaros libertos da rede somente alguns irão aos céus (estrofe 174) – "Salvou-se a nossa alma, como um pássaro do laço dos passarinheiros..." (Provérbios, 124) – e que o sofrimento neste mundo poderá ser levado a termo somente pela destruição da sede ou do anelo. Avidez, má vontade ou ódio e delusão são considerados tão perigosos quanto o fogo e, a não ser que sejam mantidos sob controle, não será possível alcançar uma vida feliz.

A pessoa deve seguir o Caminho do Meio – o Nobre Caminho Óctuplo. De acordo com o *Dhammapada* o alcance dos diferentes estágios no caminho budista é para ser preferido mesmo em detrimento da possessão de todo o mundo (estrofe 178). Ele exorta todos os seres a desenvolver aqueles fatores de iluminação que lhes possibilitariam cultivar a mente, e enfatiza o princípio de que alguém faz ou desfaz a si mesmo, e que nenhum outro pode ajudar alguém a se livrar das impurezas. A pessoa tem de se esforçar; mesmo os Budas são de pouca ajuda porque, a exemplo de marcos de sinalização, eles só podem orientá-la (estrofe 276). Recomenda uma vida de paz e de não-violência (estrofes 129, 130, 142) – "Como quereis que os homens vos façam, assim fazei-o vós também a eles"

(Lucas, 6. 31) – e declara que ódio nunca poderá ser pelo ódio eliminado, mas sim pela bondade (estrofe 5). Seu conselho é conquistar a cólera pela bondade, o mal pelo bem, a avareza pela generosidade e a falsidade pela verdade (estrofe 223).

A linguagem do *Dhammapada* é casta, elegante e, às vezes, simples. Os versos são encantadores aos leitores compreensivos e seu significado é inteligível na maioria dos casos. Símiles felizes escolhidos da vida diária têm embelezado o estilo, cujo aspecto notável é o uso de contraste feito para mostrar os lados claro e escuro da mesma questão em linguagem paralela. Um dos símiles mais célebres é aquele que diz que o homem que conquista a si obtém maior vitória do que aquele que conquista numa batalha mil vezes mil homens (estrofe 103) – "Melhor é o longânimo do que o herói da guerra, e o que domina o seu espírito do que o que toma uma cidade" (Provérbios, 16. 32). Outro bonito símile é o que compara palavras infrutíferas a uma bela flor colorida mas sem perfume (estrofe 51) –, "Na cadeira de Moisés se assentaram os escribas e os fariseus. Fazei e guardai, pois, tudo quanto eles vos disserem, porém não os imiteis nas suas obras, porque dizem e não fazem" (Mateus, 23. 2, 3).

Outro recurso usado é a metáfora; algumas das mais famosas estão neste texto; veja, por exemplo, os bonitos e afamados versos das estrofes 153 e 154, que Buda teria proferido logo após sua Iluminação (veja também as estrofes 294 e 295). Repetidamente encontramos metáforas e símiles simples mas impressivos nas máximas; assim, a equanimidade de um sábio é comparada a uma lagoa profunda, lisa como um espelho, ou como uma rocha (estrofe 81 e seguintes); ou quando se diz que o tolo não tira benefício de seu relacionamento com o sábio, assim como a colher não sente o sabor da sopa (estrofe 65). Também se acham estrofes mais elaboradas, como aqueles jogos de palavras (por exemplo na estrofe 344) pelos quais os hindus sempre tiveram predileção. As metáforas e símiles não são uma característica peculiar à literatura budista, mas fazem parte do cabedal cultural de todas as religiões principais – indubitavelmente, uma forte razão para tornar o *Dhammapada* "familiar" aos leitores ocidentais.

Outra característica do texto, que o leitor perspicaz não deixará de notar, é a repetição contínua de certos temas que fazem sua aparição cada vez vestidos de novos palavreados e imagens: é como se um hábil compositor compusesse variações sobre um mesmo tema musical. A reiteração é a chave do sucesso psicológico na prática budista, e os bons mestres tradicionalmente dela se valem para incutir valores positivos nos seus discípulos. Eis que, de acordo com a análise psicológica que o Budismo faz do homem, a repetição ou prática contínua de certos tipos de volições e ações criam tendências, criam as diferentes personalidades que se expressam em hábitos, bons ou maus. Daí o contínuo "martelamento" para a criação das tendências salutares.

Esta resenha não estaria completa, e seria uma omissão da verdade, se não fosse mencionado mais um ponto importante: há estrofes que são verdadeiras formulações condensadas de princípios budísticos de autocultura, eivados de termos técnicos que, para o leitor pouco versado neste campo, são de todo incompreensíveis a não ser que apelasse para o pesado aparato erudito de notas e glossários. Isto, de certa maneira, poderia estragar o deleite tirado de uma leitura fluente e ininterrupta do texto. Felizmente para estes mesmos leitores, estas estrofes não são muito numerosas, e numa leitura inaugural, sua compreensão imediata poderia ser dispensada e adiada, sem maiores prejuízos para um entendimento global e inicial da obra.

Os "*Comentários ao Dhammapada*"

Aproximadamente sete ou oito séculos após a compilação do *Dhammapada*, surge a coletânea *Comentários ao Dhammapada*, *Dhammapada-Aṭṭhakathā*, cuja autoria é desconhecida e cuja organização em livro é aceita como tendo ocorrido ao redor de 450 d.C.

"Desde os tempos védicos os comentaristas hindus têm-se comprazido em introduzir nos seus comentários histórias ilustrativas. As *Brāhmanas*, a exemplo do Talmude, abundam em contos interessantes e pitorescos. No caso dos comentários sobre os textos védicos e sânscritos, o propósito principal do autor é, como se poderia esperar, interpretar e explicar as palavras do texto. Como ocorre freqüentemente que uma boa história ilustra o significado de uma palavra ou passagem ainda melhor do que uma discussão filológica, o autor sempre se permite introduzir tais histórias que possam servir ao seu propósito. Ao mesmo tempo ele é cuidadoso em subordinar o elemento ficção ao seu principal propósito, isto é, à exegese do texto. Ele nunca introduz uma boa história por amor à própria história.

A tendência dos comentaristas aos textos páli, no entanto, é justamente a contrária. As glosas verbais começam a se encolher, tanto em tamanho quanto em importância, e as histórias começam a crescer. Finalmente, como no caso dos *Comentários ao Dhammapada*, a exegese do texto torna-se uma matéria de importância secundária e é relegada ao plano de fundo. Ostensivamente pelo menos, e em nome e forma, os *Comentários* permanecem um comentário. Mas como um ponto fatual e para todos os intentos e propósitos, o que outrora era um comentário tem-se tornado nada mais nada menos do que uma gigantesca coleção de lendas e contos folclóricos.[1]

No seu esquema mais genérico, os *Comentários* contam uma história acerca de uma ou mais estrofes do texto, descrevendo como, quando, por quem e em que ocasião cada uma delas foi originalmente pronunciada. Estas histórias, com poucas exceções, estão escritas num páli relativamente fácil e muitas delas são cheias de interesse humano. O narrador é sempre Buda. As histórias são muito variadas, as muito longas se alternando com as curtas; algumas edificantes, secas e insípidas, servindo meramente como elucidação de uma estrofe; outras são muito interessantes e tomadas à literatura popular. A doutrina principal que estas histórias tentam incutir é aquela do carma.

Os *Comentários ao Dhammapada*, embora percam em popularidade para as *Jātakas*, contêm muitos temas antigos e populares, alguns dos quais são bem conhecidos na literatura universal sob os mais diferentes disfarces. Ademais, nesta coletânea estão também algumas das mais célebres e edificantes histórias da literatura budista, sendo talvez a história mais famosa a de "Kisā Gotamī e as Sementes de Mostarda".

Algum dia, quiçá, tenhamos oportunidade de publicar seleções destas duas famosas coletâneas; entrementes, para que o leitor possa travar o primeiro conhecimento com os *Comentários* e aquilatar seu valor, estamos apresentando no Apêndice I algumas de suas histórias.

---

1. E. W. Burlingame – *Buddhist Legends*, Pali Text Society, Routledge & K. Paul, Henley - on - Thames, 1979, pág. 26.

Versões do *Dhammapada*

As principais escolas budistas que tiveram sua atividade intelectual desenrolada com base na língua sânscrita possuíram seus respectivos cânones – esta é a conclusão unânime a que chegaram os historiadores do Budismo, calcados no fato de a maioria dos textos destas escolas que sobreviveram e se preservaram, especialmente na China e Tibete, corresponderem, com ligeiras variantes, aos textos paralelos do cânone páli.

Os cânones sânscritos continham, entre outros, variados tipos de *Dharmapadas* (assim se denominam os textos de origem sânscrita), correspondendo ao *Dhammapada* páli. Sabe-se de uma das citações do *Mahāvastu*, livro canônico da escola *Mahāsaṃghika* (*Lokottaravāda*), que existia um *Dharmapada* no cânone sânscrito dividido em *vargas* (capítulos) ao estilo do *Dhammapada*. Esta versão sânscrita não era idêntica àquela do cânone páli, mas ambas as versões teriam tido uma provisão original de versos em comum, e foram arranjados no mesmo princípio. A coleção de versos que pertenceu ao cânone original também teria servido como protótipo e fundação para antologias mais abrangentes, que foram compiladas em tempos mais recentes e largamente propaladas na Ásia Central, Tibete e China.

Escreve A. K. Warder: "Se eles preservaram um corpo muito autêntico do original *Tripitaka*, os *Sthaviravādas* (dos quais originaram-se os *theravādins*) certamente fizeram adições substanciais a este; estas adições, porém, tomaram a forma de novos livros mais do que inserções nos antigos, com a provável exceção de alguns textos *Kṣudraka* (*Khuddaka*), que em todas as escolas parecem ter crescido gradualmente no decorrer de um período mais longo do que o restante dos *Sūtras*... Mesmo assim, onde se pode fazer uma comparação, achamos que o *Sthaviravāda* tem a mais curta recensão de texto; conseqüentemente cessou de fazer adições a este mais cedo que outras escolas: o *Dhammapada* do seu *Kṣudraka* contém 423 versos; o texto *Sarvāstivāda* correspondente (chamado *Udānavarga*) tem perto de 1.000 versos; a versão *gandhārī* que talvez pertenceu à escola *Dharmaguptaka*, e descoberta em Khotan, foi estimada pelo seu editor como tendo contido, quando intata, aproximadamente 540 estrofes".[2]

---

2. A. K. Warder – *Indian Buddhism*, Motilal Banarsidass, Délhi, 1980, pág. 297.

Existem, por assim dizer, oito recensões do *Dhammapada*, a saber: 1) o *Dhammapada*, em páli; 2) *Fâ-chü-ching*, em chinês, traduzido em 224 d.C. (convém notar que este texto, junto com o resto do *Tripitaka*, fora impresso a partir de blocos em 972 d.C., quase sete séculos antes de Gutenberg); 3) *Fâ-chü-p'i-yü-ching*, em chinês, traduzido em 209-306 d.C., é baseado no primeiro; 4) *Ch'u-yâo-ching*, em chinês, traduzido em 398-399 d.C.; 5) *Fâ-chi-yâo-sung-ching*, em chinês, traduzido em fins do século décimo de nossa era, é uma revisão do anterior feita por um monge hindu; 6) *Udānavarga*, em tibetano; 7) o *Dharmapada*, em prácrito *gāndhārī*; e 8) o *Dharmapada* em sânscrito misto (dito "híbrido"), que é o original da tradução chinesa *Fâ-chü-ching*, já citada, e que há pouco tempo se supunha estar perdido para sempre; de acordo com o orientalista K. R. Norman, trata-se de uma versão em prácrito de Patna.

De todas as recensões acima mencionadas, somente os textos dos itens 1, 3, 6 e 7 foram traduzidos para língua ocidental; a seguir descrevemos os textos citados.

2. *Fâ-chü-ching* (*Dharmapada-sūtra*). O original em sânscrito híbrido, que consistia de 502 estrofes, fora levado pelo monge Wêi-chi-lân, isto é, Vighna, da Índia para a China em 223 d.C., e vertido em chinês em 224 d.C. com a ajuda de um outro indiano chamado Chiang-sin. De acordo com S. Beal, esta não é uma tradução literalmente fiel, tendo os tradutores adicionado e alterado a distribuição dos versos ao bel-prazer; terminada a tradução, treze novos capítulos foram adicionados, elevando o total a 752 estrofes, 14.580 palavras e 39 capítulos. Se esta versão for comparada com o *Dhammapada* páli, ver-se-á que, quanto aos assuntos, parece haver uma concordância do 9º ao 35º capítulo (com exceção do capítulo 33º), embora o chinês contenha 79 estrofes a mais nestes capítulos. A tradução chinesa contém oito capítulos adicionais no início, quatro no fim, e o 33º já mencionado. Esta versão é chamada também *Fâ-chi-ching* ou *Dharma-saṅgraha-sūtra*, enquanto o prefácio à obra denomina-a de *Thân-po-ch'iê* ou *Dharmapada-gāthā*.

3. *Fâ-chü-p'i-yü-ching* (*Dharmapadāvadāna-sūtra*). Traduzido por Fâ-khue-fâ-li em 290-306 d.C.; contém 39 capítulos e 68 *avadānas* ou parábolas ilustrando os ensinamentos. É uma tradução dos versos do texto anterior, porém menos completo que o mesmo.

4. *Ch'u-yâo-ching* (*Avadāna-sūtra*). Significa o "Sutra da Aurora", e consiste de sete volumes contendo 33 capítulos e 1.000 versos. O manuscrito original teria sido trazido da Índia pelo monge Sanghabhadanga ou Saṅghabhūti de Kipin (Cabul), cerca de 345 d.C., que o traduziu em 398-399, cabendo a sua interpretação ao monge Chu-fo-nien (Buddhasmṛiti). De acordo com o famoso orientalista francês Lévi, este volumoso livro é um autêntico *Aṭṭhakathā*, isto é, "Comentário", e, a exemplo dos *Comentários* páli, este também contém o texto de um *Dharmapada*. Rockhill[3] identifica este texto com o *Udānavarga*, que é mais uma vez outro texto em puro sânscrito clássico. Um manuscrito fragmentário deste texto numa variedade mais tardia da escrita gupta foi achado em Turfan.

5. *Fâ-chi-yâo-sung-ching* (*Dharmasaṅgraha-mahārthāgathā-sūtra* ou *Dhammapada*). Traduzido em chinês por Tien-si-tsâi em 980-1001; contém 33 capítulos e é uma tradução revisada do texto anterior.

Temos, portanto, dois textos originais (um muito parecido à versão páli e outro o *Udānavarga*) levados da Índia à China, cada um com duas traduções diferentes. A compilação de ambos os textos é atribuída ao sábio Dharmatrāta.

6. *Udānavarga*. É uma antologia tida como compilada por Dharmatrāta, cujo florescimento é situado entre os séculos 1º a.C. e 2º d.C. Do original em sânscrito puro foi descoberto um fragmento na Ásia Central, em Turfan, já mencionado anteriormente. Este fragmento corresponde apenas àqueles versos que são idênticos ou similares aos do *Dhammapada* páli. O texto completo foi preservado na versão tibetana, para a qual foi traduzido durante o reinado de Ral-pa-chan, 817-842 d.C. Nesta versão tibetana, ele contém as estrofes do *Dharmapada*, a maior parte dos versos do *Udāna* e numerosas estrofes que têm paralelos no *Sutta-Nipāta* e outras porções do cânone páli. A obra é dividida em 33 capítulos e 4 livros, tendo um total de 989 estrofes ou *udānas*, cuja maior parte está em versos de 7 e 9 sílabas. Destas estrofes, umas 300 são aproximadamente idênticas às do *Dhammapada* páli, enquanto 100 assemelham-se a outras da mesma obra (veja Apêndice III).

3. Rockhill – *Udānavarga*, Ch'en Wen Publishing Co., Taiwan, 1972.

7. *Dharmapada* prácrito *gāndhārī*. Esta antologia fora escrita num dialeto prácrito, que é uma forma mais tardia do dialeto do noroeste indiano, familiar a nós pelos editos-em-rocha *Shāhbāzgarhī* do rei Ashoka, e compilado à semelhança, e com a ajuda do *Dhammapada* páli ou alguma coleção similar em versos do cânone sânscrito. Este *Dharmapada* é preservado somente num manuscrito fragmentário em caracteres *kharoṣṭhī*, e descoberto no Khotan; o manuscrito foi atribuído aos séculos 1º a 3º d.C., e se assim for, este é possivelmente o manuscrito indiano mais antigo até hoje descoberto. Como só parte do texto foi recuperado, é quase impossível dizer quantos capítulos e estrofes continha o texto original. Este texto foi inicialmente editado por B. Barua & S. Mitra na Índia, e recentemente por J. Brough – *The Gandhārī Dharmapada* (London Oriental Series, volume 7, 1962) – que calcula que aproximadamente três oitavos do texto original estejam ainda perdidos.

8. *Dharmapada* em sânscrito híbrido. Texto editado por N. S. Shukla: *The Buddhist Hybrid Sanskrit Dharmapada* (K. P. Jayaswal Research Institute, Patna, 1979). O manuscrito, trazido do Tibete por Rahula Sankrtya-yana, está escrito numa grafia protobengalesa atribuída ao século 11 d.C., e contém 414 versos divididos em 22 capítulos; o colofão, no entanto, menciona como contendo 502 versos.

Este texto tem oito capítulos cujos nomes não têm correspondência no *Dhammapada* páli, embora os seus versos sejam bem parecidos aos de outros capítulos da versão em páli. O arranjo dos versos também é um pouco diferente do seu correspondente em páli.

II. A PROBLEMÁTICA DA TRADUÇÃO A LÍNGUA PÁLI. A TRADUÇÃO ATUAL

A Língua Páli e a Problemática da Tradução em Geral

No início deste século, numa das suas conferências sobre a "História e a Literatura do Budismo", o Professor Rhys Davids lamentou que as traduções do *Dhammapada* fossem de todo inadequadas e algumas delas completamente errôneas. Não sabemos, ao certo, se naquela ocasião ele tinha em mente apenas as traduções para o idioma inglês ou se fazia referência a todas as traduções disponíveis em qualquer idioma, de maneira geral. Àquela época, ou porque os países de tradição budista eram colônias britânicas e a maioria dos estudiosos eram ingleses, ou porque alguns dos pesquisadores – embora não sendo ingleses – publicavam suas pesquisas em inglês para maior divulgação dos trabalhos, ou por outras razões que ignoramos, as traduções inglesas constituíam a grande maioria. Desde então os estudos de páli progrediram consideravelmente e as traduções do *Dhammapada* aumentaram em ritmo crescente; houve um razoável progresso no que tange à fidelidade ao original, no sentido de um melhor entendimento da mensagem do texto, principalmente nas traduções que saíram da pena de alguns *bikshus* budistas; mas a qualidade literária manteve-se baixa como dantes e o panorama geral oferecido agora talvez não satisfizesse ainda ao famoso palicista, se ele estivesse vivo.

As traduções em inglês ainda constituem a grande maioria e, para infelicidade dos leitores neste idioma, o fato de o inglês ser uma das línguas que menos afinidades gramaticais têm com o páli (e o sânscrito) serve como um dos fatores preponderantes para o surgimento do fenômeno acima citado. E a situação se agrava porque se trata de poesia e não de prosa: basta mencionar que, com exceção de dois ou três casos isolados, todas as traduções são em prosa! As razões para isso veremos mais adiante.

Não se pretende debater aqui a questão da teoria da tradução – porque outros mais competentes já o fizeram. Levando em conta, porém, que o leitor brasileiro pouco ou nenhum conhecimento tem das línguas e literaturas da antiga Índia, e que é razoável que alguns esperem por informações acerca da relação entre a versão traduzida e o original – tecer alguns comentários sobre a problemática geral, com exemplos ilustrativos, não estaria fora de propósito. Ademais, nos propomos apresentar mais adiante um sumário de um estudo acerca da estrutura literária do *Dhammapada*, o que esperamos venha satisfazer outra classe de leitor que se interessa por tal assunto; e o que dissermos da versificação páli será, com poucas exceções, válida para a de sânscrito da mesma época histórica. Até onde nosso conhecimento chega, esta será a primeira vez que um tal estudo será apresentado junto com uma tradução do texto.

Páli é uma língua indo-européia do tronco indo-iraniano, mui proximamente relacionada ao sânscrito, a língua literária mais importante da antiga Índia; de fato, diz-se que o relacionamento entre ambas é como o que existe entre o latim e o italiano. Suas similaridades a outras línguas indo-européias, o português por exemplo, não se torna patente de imediato, mas poderá ser inferido de paralelos como: *me* = "por mim", *supa* = "sopa", *nava* = "novo", *vamati* = "vomitar", etc. Ela tem um rico sistema de flexão, embora menos que o sânscrito, e uma estrutura gramatical de um tipo similar ao latim e ao grego clássicos.

Os substantivos e adjetivos têm oito casos diferentes, por meio dos quais são expressas relações que usualmente teriam de ser interpretadas por meio do emprego de preposições, *e.g. tassa* "a ele" (dativo), *agginā* "por meio do fogo" (instrumental). O verbo tem terminações especiais para pessoas diferentes. Adicionalmente, ela desenvolveu uma capacidade notável para construir compostos nominais e expressões absolutas, que são usadas para expressar fatos e circunstâncias subordinadas; estes são freqüentemente usados em poesia e às vezes com muita efetividade. Por exemplo, na estrofe 39 do *Dhammapada* a palavra *puññapāpapahīnassa* (*puñña* + *pāpa* + *pahīnassa*) equivale a: "o bem + (e o) mal + que tenha abandonado"; ou na estrofe 183, *sacittapariyodapanaṃ* (*sa* + *citta* + *pariyodapana*), que equivale a "seu próprio + coração + purificação". Amiúde, isto dá à impressão verbal do original um sentido apropriado ao conteúdo, como movimento, tranqüilidade, etc., que não pode ser imitado por quaisquer meios formais comparáveis, num idioma como o português ou o inglês. Construções deste tipo requerem, às vezes, análise cuidadosa a fim de que possam ser entendidas corretamente.

Existem diferenças sintáticas fundamentais entre o páli e as línguas européias. Eis algumas delas: a) não há no páli artigo definido ou indefinido; b) os pronomes pessoais são muito pouco usados, sendo estes indicados pelas terminações; c) a cópula é usualmente omitida; d) o substantivo é freqüentemente preferido onde nós geralmente usaríamos um verbo, havendo casos onde um período é formado apenas daqueles (compare, por exemplo, na estrofe 183, onde foi feita uma tradução *ipsis verbis*: "Não feitura...", e onde todos traduzem por "Não fazer..."); e) nem sempre é feita uma clara distinção entre as diferentes classes de palavras e entre as diferentes funções gramaticais: substantivos são às vezes usados como adjetivos, enquanto que, se uma forma verbal é ativa ou passiva, tem de ser escrutinada pela análise do conteúdo; f) freqüentemente as expressões negativas são preferidas, embora o significado seja positivo: *avyāpāda*, "não-violência"; *amataṃ*, "não-morte".

Vejamos agora umas poucas características do páli conforme se refletem na poesia.

Uma estrofe singular em páli tem capacidade suficiente para conter uma figura poética que em língua européia requereria muitos mais versos. Deveras, no caso de métricas mais longas e elaboradas, e devido à condensação e compactação de que o páli é capaz, uma estrofe de quatro linhas poderá às vezes cobrir tanto terreno quanto um soneto ocidental. Alguns destes metros longos têm nas suas quatro linhas tantas sílabas quantas há num pentâmetro português de oito ou nove linhas. A palavra da estrofe 183, acima mencionada, é composta de oito sílabas, contra os doze sons de sua tradução – 50% a mais!

Outro aspecto da poesia páli, que não pode ser adequadamente igualado numa tradução em língua ocidental, é a grande riqueza de sinônimos ou quase-sinônimos que o poeta tem à sua disposição. A palavra "desejo", por exemplo, poderá ter no páli mais de quinze expressões diferentes; e a palavra "lótus" mais de uma dezena.

Mais um aspecto das obras literárias em páli, tanto em prosa quanto em verso, é o emprego de palavras ou frases com duplo sentido, e esta língua tem uma capacidade inigualada para trocadilho em larga escala (veja, por exemplo, a estrofe 344) que não pode ser, obviamente, imitada no nosso vernáculo.

Para finalizar, eis o que um experimentado tradutor tem a nos dizer sobre o problema da tradução em geral:

"Sobre a antiga controvérsia da prosa contra o verso, já foi dito que uma boa prosa é melhor do que uma má poesia, e mesmo uma versão em prosa simples é provavelmente preferível a uma insípida versão em versos. Neste último caso, o leitor julga a falta de mérito na versão traduzida em versos e instintivamente conclui que o original deva ser do mesmo padrão de mediocridade. Mas no caso de uma tradução em prosa, a base do julgamento é diferente, porque ali somente o sentido do conteúdo do original, e não a forma poética, é apresentado como evidência.

"O uso de uma língua diferente em si envolve o uso de meios completamente diferentes, e aqui isto é realmente um fato da natureza que línguas difiram grandemente em estrutura gramatical e em todo o aparato de vocabulário... Quanto mais afastadas as línguas do sânscrito (páli), tanto menos correspondência de palavra-gramática-métrica ocorrerá... Traduzindo um poema em prosa ou verso, possivelmente não poderemos dar ao leitor o mesmo poema que o original. Uma versão literal em prosa pode, amiúde, dar mais que aquilo que se chama sentido-do-conteúdo, mas freqüentemente ao preço de esconder algo que pode ser igualmente importante, ou seja, o fato de o original ser um poema.

"Os versos do sânscrito (páli) são bem proporcionados. Eles têm uma forma bem definida e estritamente métrica, e amiúde têm padrões de som, de assonância e aliteração extremamente complexos e sutis. As qualidades do ritmo, da proporção, da música das palavras, não podem ser diretamente transferidas a outra língua, e não existe solução perfeita. Nós procuramos, de fato, a solução mais próxima que nossas limitações permitiram; e estas limitações, devemos lembrar, são não somente as limitações das nossas próprias habilidades impostas pela natureza, mas também incluem aquelas impostas pela natureza da língua receptora."[4]

Da Tradução Atual

O leitor que tenha lido, com paciência e atenção, o que temos dito, já deve ter formado uma sólida idéia do que venham a ser as peculiaridades básicas da língua páli, e as dificuldades por ela oferecidas a quem tencione vertê-la numa das línguas ocidentais. Se, como temos exposto, gramaticalmente o páli tem muitas semelhanças com o latim, o leitor

---

4. J. Brough – *Poems from Sanskrit*, Introduction, Penguin Books, Middlesex, 1978.

poderá, mui justamente, indagar se o português – dadas as suas afinidades ao latim – não ofereceria maiores facilidades de tradução relativamente ao inglês. Efetivamente, e até certo ponto, sim. Embora o vernáculo, que era uma língua altamente flexionada, tivesse perdido de uns tempos para cá muitas destas qualidades, não obstante ela ainda se oferece como uma língua de maior flexibilidade para este tipo de tradução do que o inglês; de outro lado, o português perde, e de longe, para o inglês em riqueza de vocabulário – o que é de suma importância quando se trata de traduzir da literatura budista, riquíssima em termos técnicos.

A primeira tarefa que se nos oferecia era decidir se a tradução seria em versos ou em prosa. Tínhamos analisado mais de uma dezena de traduções, e o resultado não era animador. Uma destas fora feita por um dos maiores tradutores de páli deste século, F. L. Woodward, cuja versão em versos é, em parte, um fracasso; é que, ao transpor de uma métrica oriental para uma ocidental, o tradutor é obrigado a "inventar", com o que acaba "criando" novos versos que não têm nenhuma relação com o original. As traduções em prosa, se de um lado poucas dentre elas são razoavelmente corretas quanto ao sentido-do-conteúdo do original, de outro elas abundam em linguagem prosaica que são aglomerados de palavras e períodos, desarmoniosos e desordenados, sem nenhuma correspondência com o ritmo e a musicalidade do original.

O fato, portanto, de estas traduções inglesas serem na maioria em prosa e não destacarem as qualidades literárias (poéticas) do original, levaram-nos a insistir numa tradução em versos, valendo-nos da maior flexibilidade oferecida pelo vernáculo, e com a esperança de que esta tradução pudesse, pelo menos para o leitor brasileiro, restaurar em parte o equilíbrio.

Os inúmeros ensaios feitos tendo em mente o propósito acima tornaram patente que: 1) havia possibilidades de uma tradução em versos, desde que esta fosse feita em versos livres, isto é, uma composição livre; 2) poderiam ser usados, e foram, os três versos básicos: brancos, rimados e toantes; 3) com poucas exceções era e foi possível fazer uma tradução justalinear, ou seja, as linhas do texto original e do traduzido se correspondem em número, ordem e conteúdo – o que constituiu uma grande surpresa para nós. Numa obra religiosa como o *Dhammapada*, isto é de suma importância e certamente deixaria muitos tradutores felizes, se o pudessem fazer. Não conhecemos nenhuma tradução, nem do *Dhammapada* nem de outro livro canônico, com esta característica; 4) devíamos guiar-nos, antes de mais nada, pelo ouvido e pelo instinto natural, secundado, onde era possível, pelos simples recursos principais de execução da poética: o som das palavras, a ordem das palavras e a inflexão das palavras agrupadas em períodos.

Outra dificuldade encontrada foi como lidar com certos termos técnicos. Ficou decidido, após demoradas ponderações, que aqueles poucos termos que já fizessem parte do *Novo Dicionário* de Aurélio Buarque de Holanda Ferreira seriam utilizados no texto na sua forma aportuguesada; alguns destes são: Darma, Nirvana, Samsara, Carma, aos quais estamos propondo acrescentar as palavras "*bikshu*" e "Arahat" que já fazem parte dos dicionários de outras línguas ocidentais e que, certamente, haverão de sê-lo também da nossa.

Aqui, fazemos nossas as palavras de Miriam Lichtheim: "Ao preparar esta tradução, eu naturalmente fiz uso pleno das traduções e estudos existentes, especialmente os mais recentes, e que estão espalhados por muitos países e alguns de difícil obtenção. Evidentemente um livro é atualizado somente se ele reflete o estado de coisas atual da disciplina. Aqueles que estão familiarizados com os textos, no entanto, estão cientes das limitações do nosso entendimento, da natureza conjetural do muito que é passado à frente como tradução, e das consideráveis diferenças entre as diversas traduções de um mesmo texto. Portanto, o 'estado atual' da disciplina é uma intrincada teia de consenso e controvérsias. Concordando às vezes com uma, às vezes com outra interpretação de uma passagem difícil, eu freqüentemente não concordei com ninguém e procurei minhas próprias soluções. Somente em certos casos estes desvios das traduções existentes são discutidos nas anotações, porque discuti-los todos resultaria num aparato filológico muito pesado".[5]

---

5. Miriam Lichtheim – *Ancient Egyptian Literature*, Vol. I, University of Chicago Press, Los Angeles, 1976, pág. VII.

A isto devemos acrescentar e dizer que tentamos (parcialmente pelo uso de rimas femininas) transmitir algo da sensação rítmica da estrofe original, sem, naturalmente, forçar o português numa forma métrica equivalente. Aqui e acolá o leitor perceberá que a versão atual tem algumas reminiscências do ritmo dos originais.

Estamos plenamente cientes das falhas que a presente versão possa ter, mesmo porque não pretendemos possuir profundos conhecimentos filológicos de páli. Esperamos, no entanto, que isto seja balançado e compensado pelo extremo cuidado que se tomou, esteado numa prática budista de anos, em não cometer desvios quanto ao sentido-do-conteúdo do texto original e em não distorcer as palavras de Buda.

No mais, o leitor haverá de julgar por si mesmo.

III. EM CONCLUSÃO: UMA INDAGAÇÃO E UMA RESPOSTA

Em certas ocasiões – e esta agora é uma delas – uma dupla indagação toma de assalto nossa mente, e talvez o faça a outros também, e requer uma resposta; falar disto, como um desfecho deste ensaio, parece-nos apropriado. Qual o verdadeiro impacto "espiritual" que a leitura de obras da estirpe do *Dhammapada* tem sobre os leitores? E a distância, em tempo e espaço, que nos separa destas obras seria um empecilho para a correta recepção de sua mensagem?

Uma coisa é afagar nossa sensibilidade estético-religiosa por tal tipo de leitura, ou a satisfação, talvez, de uma necessidade interna de compensação psicológica, e outra é o "abalo" que uma pessoa venha a sofrer a ponto de lançar-se, se ainda não o fez, a procura de novos caminhos, novos horizontes espirituais.

Esta indagação não é nova, ela "pairou" no ar sempre que, e onde, houve intensa atividade religiosa-intelectual, e foi respondida, quase de maneira idêntica, pelas principais religiões, cada uma à sua época. A resposta é decepcionantemente simples e, no entanto, está vazada numa linguagem cheia de sabedoria. Modernamente, nós responderíamos dizendo que o "impacto" depende, obviamente, do caráter de cada pessoa, da sua formação intelectual, do grau de seu desenvolvimento mental e, na linguagem budista, do carma acumulado.

Já disse, e com muita propriedade, o Talmude dos judeus que existem "... quatro tipos de caráter entre os que sentam perante os mestres: uma esponja, um funil, um coador e uma peneira. Uma esponja, que absorve tudo; um funil, que deixa entrar numa extremidade e escapar na outra; um coador, que deixa sair o vinho e retém a borra; uma peneira, que descarta a farinha bruta e retém no recipiente a farinha fina" (*Mishnah-Pirkei Avot*).

Antes disso, o Buda também tinha falado de quatro tipos de pessoas:

"*Bikshus*, estas quatro pessoas se acham existindo no mundo. Quais são estas quatro?

"Aquele que aprende por insinuação (de aquisição rápida); aquele que aprende por plenos detalhes; aquele que tem de ser levado (por instrução); aquele que tem tão só a palavra (do texto)[6] quando muito. Estas são as quatro" (*Aṅguttara-Nikāya*, II, 135).

Nada melhor que terminar com as próprias palavras de Buda, que respondem à segunda parte da indagação.

"*Bikshus*, mesmo que um *bikshu* viesse a segurar a barra do meu manto e fosse andar por trás pegado a mim, passo a passo, todavia se ele for cobiçoso, fortemente atraído pelos prazeres sensuais, malévolo em pensamento, de propósito e mente corruptos, de mente confusa, incontemplativo, de cérebro difuso, suas faculdades sensórias descontroladas, então ele está longe de mim e eu estou longe dele. Por que isto?

"*Bikshus*, este *bikshu* não avista o Darma; não vendo o Darma, ele não me vê. Mas, *bikshus*, se este *bikshu* vivesse cem *yojanas* (léguas) distante, todavia não fosse cobiçoso, não atraído fortemente pelos prazeres sensuais, não malévolo em pensamento, de mente e propósito incorruptos, de mentação plena firmemente estabelecida, atentivo,

---

6. Aquele que é perfeito em aprender de cor, mas sem entender as palavras.

contemplativo, seus pensamentos concentrados, contido nas suas faculdades sensórias, então ele está perto de mim e eu estou perto dele. Por que isto? *Bikshus*, este *bikshu* vê o Darma; vendo o Darma ele me vê" (*Itivuttaka*, págs. 90, 91).

PAZ A TODOS OS SERES!

Sítio Gotama, Cunha
upāsaka Nissim Cohen
2541 E.B. / 1997 E.C.
Última Revisão em:
maio/2004

Agradecimentos.

Ao encerrar este Posfácio, desejo expressar meus agradecimentos às várias pessoas cujas publicações serviram de suporte informativo a este livro. Especialmente ao falecido Venerável Nyānatiloka, de cujo livro *Buddhist Dictionary* me vali para elaboração de alguns dos verbetes do Glossário.

APÊNDICES

APÊNDICE I

HISTÓRIAS DO "COMENTÁRIOS AO DHAMMAPADA"

(*Dhammapadaṭṭhakathā*)[1]

KISĀ GOTAMĪ

Embora uma pessoa viva cem anos...

Esta instrução religiosa com referência à Kisā Gotamī, foi dada pelo Mestre em Jetavana.

1 - *Kisā Gotamī desposa o filho de um rico comerciante.*

Era uma vez – assim a história discorre – um comerciante avaliado em quatrocentos milhões que vivia em Sāvatthi. Subitamente toda a sua riqueza transformou-se em carvão vegetal. O comerciante, subjugado pela angústia, recusou-se a se alimentar e refugiou-se na sua cama. Um dia, certo amigo veio vê-lo e perguntou-lhe:

– Senhor, por que estás tão aflito?

O comerciante contou-lhe o que tinha acontecido.

– Senhor – disse seu amigo –, não te abandones à tristeza. Eu conheço uma saída da dificuldade, desde que tu dela faças uso.

– Bem, o que haverei de fazer?

– Estende uma esteira na tua loja, empilha o carvão vegetal sobre ela, e senta-te no

1. Versão baseada no E. W. Burlingame, Buddhist Legends, 3 volumes, Pali Text Society, Routledge & K. Paul, Henley-on-Thames, 1979.

chão como se tu estivesses a vendê-lo. Pessoas virão e te dirão: "A maioria dos comerciantes vendem coisas tais como vestimentas e óleo e mel e melaço; mas tu estás aqui sentado vendendo carvão vegetal!" Então tu deves dizer-lhes: "Se eu não posso vender o que me pertence, o que haverei de fazer?" Mas novamente alguém pode dizer: "A maioria dos comerciantes vendem coisas tais como vestimentas e óleo e mel e melaço; mas tu estás aqui sentado vendendo ouro amarelo!" Então tu deves dizer: "Onde é que há qualquer ouro amarelo?" Teu cliente dirá: "Ali está ele!" Então diga: "Deixa-me tê-lo". Teu cliente te trará uma mancheia de carvão vegetal. Toma-o, cobre-o com tuas mãos, e pronto! Este se transformará em ouro amarelo. Agora, se teu cliente for uma virgem, casa-a com teu filho, transfere-lhe teus milhões, e vive do que ela te der. Mas se teu cliente for um jovem, casa-o com tua filha tão logo ela alcance a idade de casamento, transfere-lhe teus quatrocentos milhões, e vive do que ele te der.

– Um esplêndido plano, realmente! – disse o comerciante.

Assim, ele empilhou o carvão vegetal na sua loja e sentou-se no chão como se estivesse a vendê-lo. As pessoas vieram e disseram-lhe:

– A maioria dos comerciantes vendem coisas tais como vestimentas e óleo e mel e melaço; mas tu estás vendendo carvão vegetal!

Aos que assim fizeram esta pergunta, ele respondeu:

– Se eu não posso vender o que me pertence, o que haverei então de fazer?

Veio ter um dia à porta de sua loja uma certa moça, a filha de uma casa golpeada pela pobreza; seu nome era Gotamī, mas em razão da magreza de seu corpo era conhecida geralmente como Kisā Gotamī. Ela tinha vindo comprar alguma coisa para si mesma, mas ao ver o comerciante, lhe disse:

– Meu bom senhor, a maioria dos comerciantes vendem coisas tais como vestimentas e óleo e mel e melaço; mas tu estás aqui sentado vendendo ouro amarelo!

– Moça, onde é que há qualquer ouro amarelo?

– Bem aí, onde tu estás sentado.

– Deixa-me ter um pouco deste, moça.

Ela tomou uma mancheia de carvão vegetal e colocou-o nas mãos do senhor. Mal o carvão tocou nas suas mãos e pronto! este transformou-se em ouro amarelo. Então o comerciante lhe disse:

– Qual é tua casa, moça?

– Tal e tal casa, senhor.

O comerciante, percebendo que ela era solteira, casou-a com seu próprio filho, e deu a seu encargo os quatrocentos milhões. Com o correr do tempo Gotamī ficou grávida e, após dez meses lunares, deu à luz um filho. Mas a criança morreu tão logo ela foi capaz de andar.

2 - *Kisā Gotamī procura sementes de mostarda para curar sua criança morta.*

Ora, Kisā Gotamī nunca antes tinha visto a morte. Portanto, quando vieram a remover o corpo para cremação, ela proibiu de assim o fazerem, e disse de si para si: "Eu vou procurar medicamento para meu filho". Pousando a criança morta no seu regaço, foi de casa em casa inquirindo:

– Sabeis de algo que curará meu filho?

– Mulher – cada um lhe disse –, tu és uma doida varrida para ires de casa em casa procurando medicamento para tua criança morta.

Mas ela continuou a percorrer seu caminho pensando: "Certamente eu acharei alguém que conheça o medicamento para meu filho".

Nesse momento, um certo homem inteligente a viu e cogitou: "Esta minha filha, sem dúvida, tem dado à luz e perdido seu primeiro filho, e nunca viu a morte anteriormente; eu devo ajudá-la". Assim, aproximou-se dela e disse:

– Mulher, quanto a mim, não sei de nada que cure teu filho, mas há um que sabe, e ele eu conheço.

– Senhor, quem é este que sabe?

– Mulher, o Mestre sabe; vai e pergunta-lhe.

– Bom senhor, eu irei sim para perguntar-lhe.

Então, foi ela ao Mestre, prestou-lhe reverência, sentou-se ao seu lado e perguntou-lhe:

– Venerável Senhor, é verdade, como os homens dizem, que tu sabes aquilo com que curar minha criança?

– Sim, isto eu sei.

– O que deverei obter?

– Uma pitada de sementes de mostarda branca.

– Isto eu terei, Venerável Senhor. Mas na casa de quem eu deverei obtê-la?

– Na casa daquele que nem filho nem filha nem qualquer outro tenha morrido.

– Muito bom, Venerável Senhor – disse ela, e após ter prestado reverência a ele, colocou a criança morta no seu regaço, entrou na aldeia, parou na porta da primeira casa e indagou:

– Tendes vós aqui quaisquer sementes de mostarda branca? Dizem que isto curará meu filho.

– Sim, temos.

– Bem, então dai-mas.

Eles trouxeram grãos de semente de mostarda branca e deram-nos a ela.

– Amigos, na casa dentro da qual vós morais, já morreu algum filho ou filha?

– O que dizes tu, mulher? Quanto aos que vivem, poucos vêm a ser eles; somente os mortos vêm a ser muitos.

– Então tomai de volta vossas sementes de mostarda; isto não é medicamento para meu filho.

Assim dizendo deu de volta as sementes de mostarda.

Desta maneira, indo de casa em casa, Gotamī aplicou-se com afinco à sua busca. Nunca uma casa onde achou as sementes de mostarda que procurava estava isenta de mortes; e quando o fim de tarde chegou, ela concluiu: "Ah! esta é uma pesada tarefa que eu tomei sobre mim mesma. Pensei que somente eu tinha perdido uma criança, mas em cada vilarejo os mortos contam em maior número que os vivos". E enquanto assim refletia, endureceu-se o coração que outrora era mole com o amor materno. Tomou a criança e, numa floresta, depositou-a no chão; logo foi até o Mestre, prestou-lhe a reverência e sentou-se ao seu lado.

– Conseguiste tu a única pitada de semente de mostarda? – disse o Mestre.

– Não, isto eu não pude, Venerável Senhor. Em cada vilarejo os mortos contam em maior número que os vivos.

– Debalde imaginaste que somente tu tinhas perdido uma criança. Entretanto, todos os seres vivos estão sujeitos a uma lei imutável: o Rei da Morte, qual uma corrente enfurecida, varre mar de ruína adentro todos eles; e ainda seus anseios não estão realizados – e instruindo-a no Darma, ele pronunciou a seguinte estrofe:

"(Enquanto) está um homem se comprazendo em filhos e gado, e a isto aferrando-se sua mente,

A morte (vem) e o arrebata como uma torrente a um vilarejo dormente".[1]

Tão logo o Mestre proferiu a última palavra da estrofe, Kisā Gotamī estava estabelecida no Fruto da Conversão[2]. De igual maneira muitos outros obtiveram o Fruto da Conversão, e os frutos do segundo e terceiro Caminhos[3]. Kisā Gotamī, então, requereu do Mestre admiti-la na Ordem; ele a enviou à comunidade das bikshunis (monjas) e ordenou que fosse admitida. Mais tarde, ela recebeu alta ordenação, e veio a ser conhecida como a Bikshuni Kisā Gotamī.

Um dia era a sua vez de acender o candeeiro no Salão de Confissão. Tendo acendido o candeeiro, ela sentou-se e ficou a vigiar as línguas de fogo; algumas chamejavam e outras bruxuleavam. Ela tomou isto como seu assunto de meditação e refletiu como segue: "Assim como sói acontecer com estas flamas, assim também sói suceder com os seres vivos aqui neste mundo: alguns chamejam, enquanto outros bruxuleiam; somente aqueles que tenham alcançado o Nirvana não mais são vistos".

O Mestre, sentado na sua Câmara Perfumada, enviou adiante uma aparição de si mesmo e, como que estando face a face com ela, falou e disse:

– Assim como estas flamas, assim também sói ocorrer com os seres vivos neste mundo:

alguns chamejam, enquanto outros bruxuleiam; somente aqueles que tenham alcançado o Nirvana não mais são vistos. Portanto, melhor é a vida daquele que vê o Nirvana, embora viva apenas por um instante, do que as vidas daqueles que perduram por cem anos e, no entanto, não vêem o Nirvana.

E, ajuntando a conexão, ele a instruiu no Darma pronunciando a seguinte estrofe:

"Embora uma pessoa viva cem anos, não vendo
o caminho da não-morte,
Melhor mesmo a vida d'um dia daquele que vê
o caminho da não-morte."[4]

Na conclusão do discurso Kisā Gotamī, enquanto ainda ali sentada, atingiu o estado de Arahat e as Faculdades Sobrenaturais.

---

1. *Dhammapada*, estrofe 287.

2. Fruto da Conversão = adentramento na Corrente; isto corresponde ao 1º estágio espiritual, no esquema de treinamento budista.

3. O 2º e 3º Caminhos são, no esquema de treinamento budista, os estágios espirituais seguintes ao 1º.

4. *Dhammapada*, estrofe 114.

KOKĀLIKA

Aquele bikshu que controla sua língua...

Esta instrução religiosa, com referência a Kokālika, foi dada pelo Mestre enquanto residia em Jetavana.

A história ocorre no sutra que começa com as palavras a seguir: "Em outra ocasião, o bikshu Kokālika aproximou-se do Bem-aventurado...", e seu significado deve ser entendido conforme explica o comentário sobre este texto.[1]

Ora, após Kokālika ter renascido no Purgatório de Lótus, os bikshus encetaram, no Salão da Verdade, uma discussão da ocorrência, dizendo:

– Ai, o bikshu Kokālika foi à perdição porque falhou em segurar sua língua! Porque assim que ele vilipendiou os dois principais discípulos, a terra abriu-se e o engoliu.

Nesse momento o Mestre aproximou-se e perguntou:

– Bikshus, qual assunto estais discutindo agora, enquanto sentados aqui todos juntos?

Após lhe haverem contado, ele disse:

– Bikshus, esta não é a primeira vez que Kokālika tenha ido à perdição devido à falta em segurar sua língua; a mesma coisa aconteceu-lhe num estado de existência anterior.

Os bikshus imediatamente desejaram ouvir tudo acerca do assunto e, em conformidade com o pedido e para tornar claro o assunto, o Mestre relatou esta história:

---

1. A referência é ao *Kokālika Sutta* do *Saṃyutta Nikāya* VI.1.10:1. 149-153, onde se conta como Kokālika, tendo caluniado os dois mais famosos discípulos de Buda – os Arahats Sāriputta e Moggallāna –, adoeceu gravemente e morreu, indo renascer imediatamente no Purgatório de Lótus, como conseqüência do seu mau carma.

HISTÓRIA DO PASSADO: A TARTARUGA LINGUARUDA

Era uma vez uma tartaruga que vivia numa certa lagoa na região do Himalaia. Um dia dois jovens gansos, vagueando à procura de alimento, travaram conhecimento com ela, e não demorou muito para se tornarem amigos firmes. Um dia os gansos disseram à tartaruga:

– Amiga tartaruga, nós vivemos na região do Himalaia no monte Cittakūta, numa caverna dourada, e este é um lugar o mais delicioso possível para nele se viver. Não gostarias de ir lá conosco?

– Patrões – replicou a tartaruga –, como eu haveria de chegar lá?

– Se tu puderes manter a boca fechada, nós te carregaremos.

– Eu manterei a boca fechada, amigos. Tomai-me convosco e partamos já.

– Muito bem – disseram os gansos.

Assim, fizeram com que a tartaruga agarrasse com seus dentes o centro de uma vara, e então, tomando as extremidades da vara nos seus bicos, alçaram vôo.

Alguns garotos do vilarejo, vendo a tartaruga carregada dessa maneira pelos gansos, imediatamente gritaram:

– Olhem aqueles dois gansos que carregam uma tartaruga num pau!

E a tartaruga pensou: "Seus míseros vagabundos, é da sua conta se meus amigos es-tão carregando-me com eles?" E abriu a boca tencionando dizer o que estava na sua mente.

Ora, os gansos estavam voando muito velozmente, e por esse tempo eles tinham atingido um ponto diretamente sobre o Palácio Real da cidade de Benares. De modo que, quando a tartaruga abriu a boca e soltou a vara, caiu precisamente no meio da corte palaciana e, no momento em que bateu no chão, fendeu-se em dois pedaços.

"A tartaruga matou a si mesma por levantar sua voz.

Rigidamente ela agarrou a vara, e então, matou-se pela
sua própria fala.

Vendo isto, ó o mais poderoso dos homens, profira
palavras sabiamente e em oportuna ocasião;
Veja esta tartaruga que, pelo falar exagerado,
encontrou a destruição."[1]

Tendo relatado esta *Bahubhāni Jātaka*, localizada no Segundo Livro, o Mestre disse:

– Bikshus, um bikshu deveria controlar sua língua, deveria viver tranqüilamente, não deveria se permitir ficar enfunado, e deveria libertar seu coração das más paixões.

Assim dizendo, ele pronunciou a seguinte estrofe:

"O bikshu que é controlado na boca, que não é
ensoberbado, que sabiamente fala,
Que o Darma e seu sentido ilumina, doce é sua
palavra."[2]

---

1. A história "A tartaruga linguaruda" é derivada do *Jātaka* 215: II, 175-178, onde seu final é mais elaborado e comprido. Este verso é proferido, no *Jātaka*, pelo conselheiro a seu rei – famoso pela sua loquacidade. A história termina pela usual identificação dos personagens: o conselheiro é o Bodhisatta (Buda numa das suas encarnações anteriores); o rei é Ānanda; os dois gansos, os discípulos Sāriputta e Moggallāna; e a tartaruga, o *bikshu* Kokālika. Esta história, com ligeiras variações, propalou-se pela Ásia Central, Pérsia, Arábia, chegando finalmente à Europa, onde faz parte de diversas coletâneas folclóricas. Veja-se a história "Os dois patos e a tartaruga" no livro de Ibn Al-Mukafa, *Calila e Dimna*, traduzido para o vernáculo por Mansour Challita, págs. 37, 38.

2. *Dhammapada*, estrofe 363.

SIRIMĀ[1]

Observa esta imagem adornada...

Esta instrução religiosa, com referência a Sirimā, foi dada pelo Mestre enquanto residia em Valuvana.

Sirimā, assim corre a história, era uma cortesã muito bonita de Rājagaha, que durante uma certa estação chuvosa ofendeu a discípula leiga Uttarā, mulher do filho do tesoureiro Sumana e filha do tesoureiro Punnaka. Desejando estar com ela em bons termos de novo, Sirimā foi à sua casa quando o Mestre e a Congregação de bikshus estavam lá, e após ter o Mestre terminado sua refeição, ela pediu-lhe seu perdão. Ora, naquele dia ele, que é possuidor das Dez Forças, pronunciou ao alcance da escuta de Sirimā as seguintes palavras de ação de graças:

"Que se conquiste a cólera pela doçura, que se conquiste
o mal pelo bem,
Que se conquiste a avareza pela liberalidade, e a falsa
palavra pela verdade.[2]

Na conclusão da estrofe, Sirimā obteve o Fruto da Conversão, e convidou o possuidor das Dez Forças para ser seu hóspede, e no dia seguinte presenteou-lhe com ricas ofertas. A partir desse momento ela passou a dar regularmente as "oito porções alimentares", e desde então, oito bikshus vieram periodicamente à sua casa.

– Aceite manteiga, aceite leite – ela dizia enchendo suas tigelas.

---

1. Há referência a esta história no *Milindapañha*, 350 (*As Questões do Rei Milinda*). Na famosa *Stūpa* de Bharhut, na Índia, há imagens alusivas a esta história gravadas em pedra, o que atesta a sua popularidade e antigüidade. O General Cunningham publicou uma gravura desta no seu livro *Stūpa of Bharhut*.

2. *Dhammapada*, estrofe 223.

E o que ela dava a um bikshu era suficiente para três ou quatro; todos os dias dezesseis peças de dinheiro eram dispendidas nos donativos com que presenteava os bikshus que visitavam sua casa.

Ora, um dia um certo bikshu que tinha comido das "oito porções alimentares" na casa de Sirimā, percorreu uma jornada de três léguas e parou num determinado mosteiro. Ao entardecer, enquanto estava sentado, os bikshus lhe perguntaram:

– Irmão, onde obtiveste comida justamente antes de vires aqui?

– Eu acabara de comer das "oito porções alimentares" de Sirimā.

– A comida que ela dá é agradável ao paladar, Irmão?

– É impossível descrever sua comida; das comidas escolhidas que ela dá é a mais escolhida e uma única porção seria suficiente, mesmo para três ou quatro. Mas, por boa que seja a sua comida, ela própria é mais prazerosa ainda de se olhar; tais e tais são as marcas de beleza que possui – assim foi que o Bikshu descreveu suas boas qualidades.

Um bikshu, que tinha ouvido o visitante descrever as excelentes qualidades de Sirimā, não obstante o fato de nunca tê-la visto, mesmo assim enamorou-se dela, e disse de si para consigo: "Deveria ir vê-la". Então, anunciando que estava para fixar residência em breve, fez algumas perguntas ao bikshu que vivia das oferendas dela, e este respondendo lhe disse:

– Amanhã, Irmão, permanece naquela casa, assume o posto de Sênior da Assembléia, e receberás das "oito porções alimentares".

O bikshu imediatamente tomou da tigela e do manto e foi-se embora. Cedo de manhã, ao raiar do dia, entrou no salão de refeição, assumiu o posto de Sênior da Assembléia, e recebeu das "oito porções alimentares" na casa da mulher.

Ora, ocorreu que no dia anterior, justamente quando o bikshu que recebera comida na sua casa tinha ido embora, a discípula leiga foi acometida de uma doença, e portanto removeu suas jóias e deitou-se. Quando os bikshus vieram receber das "oito porções alimentares", suas escravas, vendo-os, informaram-na. Como ela não estava em condições de tomar as tigelas nas suas próprias mãos, provê-los com assentos e servi-los, deu ordens a suas escravas, dizendo:

– Mulheres, tomai as tigelas e providenciai assentos para os nobres bikshus, dai-lhes caldo para beber e alimento sólido para comer. Quando seja tempo de presentear arroz cozido, enchei suas tigelas e dai-as aos bikshus.

– Muito bem, nobre Senhora – responderam as escravas. Desta maneira convidaram os bikshus a entrarem, deram-lhes caldo para beber e alimento sólido para comer; e no momento de oferecer arroz cozido, elas encheram as tigelas e as deram aos bikshus.

Quando acabaram de assim fazer, foram e informaram sua patroa, que disse:

– Tomai-me e carregai-me convosco para que eu possa prestar meus respeitos aos nobres bikshus.

As escravas a tomaram e a carregaram e, quando chegaram à presença dos bikshus, Sirimā prestou-lhes reverência, seu corpo todo sendo uma tremedeira. Quando aquele bikshu mirou-a, pensou: "Mesmo em doença esta mulher possui maravilhosa beleza. Quanta beleza ela não deve possuir quando está boa e forte e adornada com todos os seus adereços?" Nisto, paixão humana, acumulada durante muitos milhões de anos, despertou dentro de si; foi incapaz de continuar a se alimentar e tornou-se indiferente a tudo que o cercava. Tomou sua tigela e voltou para o mosteiro; cobrindo a tigela, largou-a a um canto, e deitou-se no chão esticando a barra de seu manto. Um certo bikshu, que era seu companheiro, tentou persuadi-lo a comer, mas sem sucesso, porquanto recusou-se absolutamente a tomar o alimento.

Naquele mesmo dia, ao entardecer, Sirimā morreu. O rei mandou um recado ao Mestre: "Venerável Senhor, a irmã mais jovem de Jīvaka, Sirimā, está morta". Tendo recebido este recado, o Mestre enviou ao rei a seguinte mensagem: "O corpo de Sirimā não deveria ser cremado. Manda estender seu corpo no terreno de cremação, e põe vigias para que os corvos e cachorros não venham a devorá-lo". E o rei assim fez.

Três dias se passaram, um após outro. No quarto dia o corpo começou a inchar, e das nove aberturas do corpo, que eram quais úlceras, exsudavam larvas; todo ele tinha a aparência de um recipiente fendido de arroz cozido.

O rei mandou que um tambor percorresse a cidade e fosse feita a seguinte proclamação: "Que todos se aproximem para contemplar Sirimā. Exceto os vigias das casas, todos os que se recusarem a fazer assim serão multados em oito peças de dinheiro". E também enviou mensagem ao Mestre: "Que a Congregação de bikshus, presidida pelo Buda, se aproxime para contemplar Sirimā".

Ora, aquele jovem bikshu havia estado deitado quatro dias sem que tocasse no alimento, não prestando atenção a qualquer coisa que qualquer um dizia; o arroz tinha apodrecido na sua tigela e esta estava coberta de mofo. Seus companheiros aproximaram-se e lhe disseram:

– Irmão, o Mestre está indo embora para contemplar Sirimā.

Quando, assim deitado, ouviu o nome de Sirimā, pulou rapidamente pondo-se em pé, e alguém lhe disse:

– O Mestre está indo embora para contemplar Sirimā. Tu também irás?

– Certamente, eu irei – respondeu.

E arremessando fora o arroz da sua tigela, lavou-a, colocou-a na sua rede e pôs-se a caminho em companhia dos bikshus.

O Mestre, cercado pela congregação de bikshus, ficou parado de um lado do cadáver; a Congregação de bikshunis, o séquito do rei e a companhia de leigos discípulos – mulheres e homens –, ficaram parados do outro lado do cadáver, cada companhia no seu lugar apropriado. Então, o Mestre perguntou ao rei:

– Ó Grande Rei, quem é esta mulher?

– Venerável Senhor, esta é a irmã de Jívaka, Sirimā.

– Esta é mesmo Sirimā?

– Sim, Venerável Senhor.

– Bem! Manda um tambor através da cidade e faze proclamar: "Aqueles que pagarem mil peças de dinheiro por Sirimā poderão tê-la!"

Homem nenhum disse "hem!" ou "hum!". O rei informou o Mestre:

– Eles não a tomarão, Venerável Senhor.

– Bem, Grande Rei, então põe o preço abaixo.

Assim o rei mandou o tambor rufar e a seguinte proclamação foi feita: "Se derem quinhentas peças de dinheiro, poderão tê-la". Mas ninguém a tomava por esse preço; então o rei anunciou ao rufar d'um tambor que qualquer um podia ter Sirimā desde que pagasse duzentas e cinqüenta peças de dinheiro, ou duzentas, ou cem, ou cinqüenta, ou vinte e cinco, ou dez, ou cinco. Finalmente ele reduziu o preço a uma moeda, e logo a meia moeda, logo a um quarto e logo a um oitavo. Por último ele proclamou ao rufar do tambor: "Podem tê-la por nada". Homem nenhum disse "hem!" ou "hum!". Então o rei disse ao Mestre:

– Venerável Senhor, ninguém a tomará, mesmo como um presente.

– Bikshus – respondeu o Mestre –, vós vedes o valor d'uma mulher aos olhos da multidão. Nesta mesma cidade os homens costumavam pagar mil peças de dinheiro para ter o privilégio de passar uma noite com esta mulher. Agora não há ninguém que a tome nem como presente. Tal era a beleza daquela que pereceu e foi-se. Contemplem, bikshus, esse corpo adoecido e corrompido.

Assim dizendo, ele pronunciou a seguinte estrofe:

"Observe esta imagem adornada, um corpo cheio de
feridas, composto[2],
Enfermo, e tomado de muitos pensamentos, no qual
não há estabilidade nem firmeza".[1]

1. *Dhammapada*, estrofe 147.

2. O corpo humano é um composto de agregados. Veja no glossário: Agregados. Veja também estrofe 147.

O PESCADOR ARIYA

Um homem que injuria seres vivos...

Esta instrução religiosa, com referência a um certo pescador chamado Ariya[1], foi dada pelo Mestre enquanto residia em Jetavana.

Porque era um dia em que o Mestre, percebendo que este pescador estava maduro para a conversão, após fazer sua peregrinação de mendicância num povoado perto do portão norte de Sāvatthi, partiu de volta acompanhado pela Congregação de bikshus. Naquele momento este pescador estava ocupado em fisgar peixe com anzol e linha; mas, quando viu a Congregação de bikshus presidida pelo Buda, ele jogou fora sua vara de pescar e ficou imóvel. O Mestre parou não longe dele e, virando-se, indagou ao Sênior Sāriputta e aos outros sêniors sobre seus nomes, dizendo:

– Qual é teu nome?

Em resposta os sêniors contaram-lhe seus respectivos nomes:

– Eu sou Sāriputta.

– Eu sou Moggallāna.

Nisto o pescador pensou para si: "O Mestre pergunta os nomes de todos os outros, sem dúvida ele perguntará pelo meu nome também".

O Mestre, sabendo seu desejo, perguntou-lhe:

– Discípulo leigo, qual seu nome?

– Venerável Senhor, meu nome é Ariya – respondeu o pescador.

– Discípulo leigo, homens como tu, que tomam a vida aos seres vivos, não devem ser chamados "Nobre" (*ariya*). Nobres são justamente aqueles que nunca injuriam a multidão. Assim dizendo o Mestre pronunciou a seguinte estrofe:

---

1. *Ariya* significa, em páli, "nobre".

"Um homem que injuria seres vivos não se torna desta
maneira um nobre;
Mostrando-se inofensivo para com todos os seres vivos,
ele é sim chamado 'Nobre'".[2]

2. *Dhammapada*, estrofe 270.

APÊNDICE II

A METRIFICAÇÃO PÁLI E O *DHAMMAPADA*

Foi considerado que, nas antigas literaturas, as alocuções faladas eram os mais antigos registros a serem postos em forma métrica. Além disso, sob as condições sociais que prevaleciam no tempo e lugar em que o Budismo surgiu, isto é, onde havia uma considerável atividade intelectual, mas também onde a escrita não era usada para registrar seus produtos, lá haveria uma tendência para converter sem delonga todos os pronunciamentos – que pareciam valer a memorização – em formas métricas.

Tais versos são geralmente achados no fim dos sermões ou sutras de Buda, e eram provavelmente destinados a transmitir aos ouvintes, em poucas linhas facilmente lembradas, a essência do seu ensinamento. É possível que o fundador do Budismo tenha conferido grande importância a este tipo de versos, e que tenha defendido seu uso pelos seus discípulos. Como conseqüência natural da importância atribuída a estes versos, pareceu desejável aos primeiros sucessores de Buda colecionar, em obras separadas, aquelas palavras do Mestre que pudessem provar serem especialmente instrutivas e que, da melhor maneira, fossem ao encontro dos propósitos da escola em questão. A este plano se deve, sem dúvida alguma, o fato de em ambos os cânones, do Norte e do Sul, existirem numerosas obras que contêm somente a medula de outras mais volumosas e velhas, atribuíveis ao Buda.

O cânone páli contém provavelmente de 15.000 a 20.000 versos. Estes, na sua maior parte, estão colecionados em livros que consistem, inteira ou quase inteiramente, de versos, porém alguns estão espalhados pelos textos em prosa. A heterogeneidade das formas métricas do *Dhammapada* trai sua origem, ou seja: o fato de seus versos, pelo menos parte deles, terem sido tomados de outros livros do cânone. Por esta razão, e também literalmente, o *Dhammapada* pode ser considerado o trabalho conjunto de vários compiladores.

As feições lingüísticas a serem observadas no verso páli são duas: a) licença poética, e

b) utilização de formas arcaicas que não estão mais em uso. A principal característica dos metros é que eles são quantitativos, isto é, o ritmo é determinado puramente pelo comprimento (peso) das sílabas, sendo o efeito de qualquer acentuação insignificante, ao contrário do metro português, que é silábico. Nisto, portanto, o verso páli é regido por princípios muito parecidos aos do grego e do latim.

Veremos, resumidamente, as formas da primeira, conforme o trabalho do Prof. A. K. Warder[1]: 1) A licença poética é mais notável na liberdade da ordem das palavras no verso; a forma métrica provê possibilidades especiais de ênfase pela colocação das palavras em posições ritmicamente proeminentes, o que às vezes dificulta o deciframento de seu significado. 2) A necessidade de adequar a sentença ao metro influencia a escolha do vocabulário, de maneira que podem ser usados sinônimos insólitos e palavras raras. 3) Palavras supérfluas ou redundantes podem ser inseridas para completar uma linha de verso. 4) A feitura de junção (*sandhi*) é mais variável do que na prosa, e poderá ser decidida pelas exigências métricas mais do que pelo uso gramatical. 5) Certas sílabas podem ser alongadas ou encurtadas para corresponderem ao ritmo métrico. Vogais que ligam sufixos às raízes (menos freqüentemente prefixos) bem como vogais finais são especialmente suscetíveis a este tratamento, embora esta forma de licença não seja de ocorrência freqüente.

Exemplos de licença poética:

Final alongado: *ramatī*, *heṭhayī*.

Final encurtado: *gihi* (por *gihī*), *Buddhāna* (por *-ānaṃ*)

Junção entre raiz e sufixo alongado: *satīmanto*

encurtado: *jānahi*

Junção entre prefixo e raiz alongada: *sūgatiṃ*.

Formas arcaicas são mantidas vivas até um certo limite pela sua preservação em poemas e canções transmitidos desde séculos passados. Embora não sejam aceitas na fala ordinária, elas podem ser consideradas próprias para expressão poética justamente devido a suas puras associações poéticas. Eles podem também imprimir uma certa dignidade e força maiores do que as formas do dia-a-dia. Alguns exemplos de formas gramaticais arcaicas:

āse: *sāvakāse* (= *sāvakā*); *gatāse* (= *gatā*)

mu: *jānemu* (= *jānema*); *pucchemu* (= *puccheyyāma*)

e: *ādise* (= *ādiseyya*)

uṃ: *akaruṃ* (= *akaṃsu*); *āpāduṃ* (= *āpādiṃsu*)

(*t*)*vāna*: *caritvāna*, *disvāna*, *katvāna* (raros em prosa)

vande (= *vandāmi*); *amhāse* (= *amhā*);

vademase (= *vadeyyāma*);

jaññā (= *jāneyya*); *tuvaṃ* (= *tvaṃ*)

Ao escandir o verso páli se aplicam os dois princípios seguintes:

1) Uma sílaba é leve (*lahu*) (ou curta) se sua vogal é curta e seguida por não mais de uma consoante.

   A palavra *idha* (∪∪) contém duas sílabas leves (curtas); *dh* é considerado uma só consoante.

2) Uma sílaba é pesada (*garu*) (ou longa) se sua vogal é longa, ou se sua vogal é curta mas é seguida de mais de uma consoante, não necessariamente dentro da mesma palavra, ou é seguida de *ṃ*.

   A palavra *selo* (_ _) contém duas sílabas pesadas (longas).

   A palavra *gambhīro* (_ _ _) contém três sílabas pesadas (longas); o *a* é vogal curta mas está seguido das consoantes *m*, *bh*.

Há também certas complicações que surgem devido a pequenas discrepâncias entre a ortografia padrão e a pronúncia original. Estas surgiram sobre pronúncias variantes das semivogais *y*, *r* e *v* em certas combinações (mais raramente sobre as nasais).

Alguns exemplos são:

-cariya = _ ∪ (**-carya*)

iriyati = _ ∪∪ (**iryati*)

sirīmant = _ _ (**srīmant*) (mas, *siri*[*ī*] = ∪ ⊻)

vya = ∪∪ (*viya-*)

ariya = usualmente _ ∪ (**arya*), às vezes = _ ∪ ∪ (**āriya*)

viriya = às vezes _ ∪ (**virya*), outras _ ∪ ∪ (escrito *vīriya*)

suriyo = às vezes _ _ (**suryo*), outras _ ∪ _ (escrito *sūriyo*)

Na palavra *brāhmaṇo*, *br-* não funciona como duas consoantes, de maneira que uma sílaba precedente será curta se sua vogal for curta.

Enquanto o grego e o latim contam com várias opções que os tornam mais flexíveis, o páli – com exceção do metro *āriyā* – não as tem. Assim, a composição de versos metricamente corretos torna-se bem mais difícil no páli que no latim ou no grego.

Embora todos os metros pális fossem quantitativos, um novo estilo de poesia, que pode ser chamado de estilo "musical" (*mattāchandas*, por exemplo, e do qual falaremos mais adiante), entrou em "moda" nos séculos 5º e 4º a.C. Nos metros deste estilo, a oposição de sílabas longas e breves – que uma longa seja exatamente igual a duas breves – é precisa e inflexível, da mesma maneira que uma nota (digamos, uma quarta) com duas meias notas (duas oitavas) em música. De fato, os novos metros tomaram seus ritmos da antiga música clássica indiana.[2] Nos velhos metros que permaneceram em uso, embora não influenciados pelos novos, a oposição das quantidades é somente aproximada, de maneira que o número de sílabas numa linha é ainda considerado como sendo de importância decisiva.

Uma estrofe usualmente contém 4 linhas (*pādas*, literalmente, "pés"), formando assim uma quadra e, mais raramente, 6 linhas, que vão de 4 até 24 sílabas, embora, na prática, sejam raros os versos com menos de 8 e mais de 21 sílabas por linha. No *Dhammapada*, os *pādas* estão amiúde arranjados aos pares, formando meios-versos. A rima não é usada, exceto nos casos que indicaremos mais adiante.

No *Dhammapada* vamos encontrar vários metros que datam de diversas épocas; os principais são:

I. Metros "antigos": número constante de sílabas por linha, sendo pouco freqüente a resolução de uma longa em duas curtas, dando uma sílaba extra, sob a influência dos metros "novos".

a) *vatta* (em sânscrito *vaktra*; alguns o chamam de *anuṭṭhubha* [anuṣṭubh]): 352 versos, dos quais 228 estão na forma normal *(pathyā)*, e 124 na forma mista.

b) *tuṭṭhubha* (em sânscrito *triṣṭubh*): 36 versos, dos quais 27 na forma normal (*pathyā*) e 9 na forma *tuṭṭhubha-jagatī*.

c) *jagatī*: 3 versos.

d) Há ainda 3 versos na forma mista de *vatta-tuṭṭhubha*.

II. Metros "novos": a quantidade rítmica total de cada linha é constante; a unidade de contagem é o *mattā* (sânscrito *mātrā*) = quantidade rítmica (tempo de pronúncia) de uma sílaba curta; número de sílabas variável.

(a) *mattāchandas* (em sânscrito *mātrāchandas*) (metro-medida): cadência fixa, sendo esta as últimas cinco ou seis sílabas; o resto variável desde que a quantidade rítmica total seja fixa; existem sempre duas linhas dissimilares repetindo-se (x 2).

As formas que aparecem no *Dhammapada* são:

1) *vetālīya (*em sânscrito *vaitālīya)*: 27 versos.

2) *opacchandasaka* (em sânscrito *aupacchandasika*): 2 versos.

3) Misto *vetālīya-opacchandasaka*: 3 versos.

De acordo com extensos estudos feitos, principalmente por Oldenberg, ficou definitivamente provado que o *vatta* páli é próximo em estrutura ao *anuṣṭubh* – que é o metro mais universalmente usado nos épicos não-literários, os *Puraṇas e Brāhmaṇas*, os primitivos *Upaniṣads*, os tratados religiosos não-poéticos, tal como o *Bhagavad-Gītā*, em versos didáticos em geral –, e em relação ao qual aparentemente é um pouco mais tardio em data. A seqüência cronológica é então continuada pelo *Mahābhārata* e, mais tarde, pelo *Rāmāyana*.

I.a. – O *vatta* ou *śloka* épico:

É o "arroz-e-feijão" do verso páli, comparável em função e importância ao hexâmetro latino ou pentâmetro iâmbico em outras línguas. É o metro mais freqüente no *Dhammapada*. A exemplo de seu similar *anuṣṭubh*, acima descrito, é usado principalmente em obras épicas e didáticas. É simples, facilmente tratável, porque o padrão de sílabas leves e pesadas não é fixo.

Este metro consiste de quatro *pādas* de oito sílabas cada um, geralmente agrupados em dois meios-versos, *pādayugas*, cada um dos quais termina numa cadência fixa. Representando a sílaba pesada por –, a sílaba leve por ⏑, e a ancípite (sílaba longa ou curta = indefinida) por ⏓, temos o seguinte ritmo básico deste metro na sua forma normal (*pathyā*) mais comum, com as quatro variantes permitidas (*vipulā*):

⏓⏓⏓⏓⏑ – – ⏓ | ⏓⏓⏓⏓⏑ – ⏑ ⏓ (x2 = as linhas se repetem)

⏓⏓–
} –⏑⏑⏑
⏓–⏑

⏓–⏑––⏑⏑

⏓–⏑––/–– (cesura, isto é, pausa leve, após a 5ª sílaba)

⏓⏓⏓–/–⏑– (cesura após a 4ª sílaba)

O esquema acima está sujeito às seguintes qualificações:

a) a 2ª ou 3ª estrofe de cada *pāda* tem que ser pesada, isto é, os *pādas* não podem começar por ⏓⏑⏑⏓; adicionalmente, o 2º *pāda* também não pode começar por ⏓–⏑–.

b) o *pādayuga* (meio-verso) não deve terminar em ⏑–⏑–⏑⏓, isto é, em três iambos, exceto no 4º *pāda* em estrofes de 6 *pādas*.

As estrofes 13 e 60 do *Dhammapada* são assim escandidas:

Estrofe 13 —

⏑ –	⏑– – a/	– – – |	– ⏑	⏑⏑⏑–⏑⏑
yathā	*agāraṃ*	*ducchannaṃ*	*vuṭṭhi*	*samativijjhati*
(assim como	casa	mal-colmada	chuva	penetra)

<table>
<tr><td>_ _</td><td>∪_∪_</td><td>_ _</td><td>|</td><td>_ _</td><td>∪∪∪_∪∪</td></tr>
<tr><td>evaṃ</td><td>abhāvitaṃ</td><td>cittaṃ</td><td></td><td>rāgo</td><td>samativijjhati</td></tr>
<tr><td>(assim mesmo</td><td>não-cultivada</td><td>mente</td><td></td><td>concupiscência</td><td>irrompe)</td></tr>
</table>

Estrofe 60 —

<table>
<tr><td>_ _</td><td>_∪∪_</td><td>_∪</td><td>|</td><td>_ _</td><td>_ _∪</td><td>_∪ ∪</td></tr>
<tr><td>dīghā</td><td>jāgarato</td><td>ratti</td><td></td><td>dīghaṃ</td><td>santassa</td><td>yojanaṃ</td></tr>
<tr><td>(longa</td><td>aquele que vela</td><td>noite</td><td></td><td>longa</td><td>para quem está fatigado</td><td>légua)</td></tr>
</table>

<table>
<tr><td>_ _</td><td>_ _∪</td><td>_ _ _</td><td>|</td><td>_ _ ∪</td><td>∪∪_∪∪</td></tr>
<tr><td>dīgho</td><td>bālānaṃ</td><td>saṃsāro</td><td></td><td>saddhammaṃ</td><td>avijānataṃ</td></tr>
<tr><td>(longo</td><td>para os tolos</td><td>samsara</td><td></td><td>sublime Darma</td><td>os que ignoram)</td></tr>
</table>

I.b. – O *tuṭṭhubha-jagatī*:

É um dos metros mais antigos e que maior evolução teve ao longo dos séculos, por isso ele conta com dezenas de variações. Algumas de suas formas têm similares em outras línguas indo-européias, razão pela qual certos estudiosos vêem nisto uma prova da existência de uma fonte comum, anterior à chegada dos árias à Índia.

Consiste de onze (*tuṭṭhubha*) ou doze (*jagatī*) sílabas por linha; estes dois metros, que têm diferentes cadências, são livremente misturados, embora sejam usados também separadamente; há uma cesura (ligeira pausa) após a quarta ou quinta sílaba. Às vezes, o *tuṭṭhubha* vem misturado com versos de metro pentástico (*virāja*), sob cuja influência talvez se tenha originado. Daremos só dois ritmos básicos, com algumas variações:

1. ⏓–⏑– / ⏓⏑⏓–⏑–⏓ (4 + 7)
   ⏓–––
   ⏓–⏑⏑
   –⏑––

–⏑–
⏑⏑⏑
–⏑⏑
⏓–⏓

} chamado "quebra", das quais há dezenas de variações.

2. ⏓–⏑–– / ⏑⏑–⏑–⏑⏓ (5 + 7)
   ⏓⏑–⏑⏓
   ⏓–––⏓

–⏑⏓–⏑–⏓

A estrofe 40 do *Dhammapada* é singular por conter na sua estrutura diversas formas métricas; na estrofe 46 temos a forma regular do metro, onde os primeiros *pādas* das linhas se alternam (1º = 3º; 2º = 4º).

Estrofe 40 —

– –⏑–	/	– –	⏑–		⏑– –	(4 + 7)
kumbhūpamaṃ		*kāyam*	*imaṃ*		*viditvā*	
(como jarra		corpo	este		compreendendo)	

⏑ ⏑–⏑ –	/	– –	⏑–	⏑ ––	(5 + 7)
nagarūpamaṃ		*cittaṃ*	*idaṃ*	*ṭhapetvā*	
(como cidadela		coração	este	estabelecendo)	

(5 + 5; *virāja*, metro pentástico)

– – ∪	– –	/	– –∪ –∪	
yodhetha	*Māraṃ*		*paññāvudhena*	
(que ataque	Māra		com a arma da sabedoria)	

∪–	∪	– – /	∪∪–∪–	∪–	(5 + 7)
jitañ	*ca*	*rakkhe*	*anivesano*	*siyā*	
(conquista	e	que proteja	livre de apego	se mantenha)	

Estrofe 46 —

– –∪ – /	– –	∪–	∪– –	(4 + 7)
pheṇūpamaṃ	*kāyam*	*imaṃ*	*viditvā*	
(como espuma	corpo	este	sabendo)	

∪ –∪ – / –	∪ ∪ – ∪– –	(4 + 7)
marīcidhammaṃ	*abhisambudhāno*	
(natureza-miragem	compreendido perfeitamente)	

– – ∪	–/–∪	∪ – ∪–∪	(4 + 7)
chetvāna	*Mārassa*	*papupphakāni*	
(que quebre	de Māra	setas floreadas)	

∪ –∪ –	/	– ∪ – –∪	– –	(4 + 7)
adassanaṃ		*maccurājassa*	*gacche*	
(além da vista		do Rei da Morte	vá)	

II.a.1 — O *vetālīya*:

As linhas um e três contêm o equivalente a 14 *mattās* (sílabas leves), a dois e quatro contêm 16; a cadência é –∪–∪⊻. A palavra *vetālīya* sugere alguma ligação com música, embora seu significado exato tenha sido esquecido. Ele é completamente compatível com o ritmo musical *tāla*. O ritmo básico é:

∪∪–∪∪–∪–∪⊻	|	∪∪––∪∪/–∪–∪⊻	(x 2)
–∪∪–		–∪∪∪∪	

Estrofe 80 -

∪∪ –	∪	∪ –∪	–∪–	(14 *mattās*)
udakaṃ	*hi*	*nayanti*	*nettikā*	
(água	deveras	conduzem	construtores-de-canais)	
∪∪ ––	∪ ∪ –∪	– ∪–		(16 *mattās*)
usukārā	*namayanti*	*tejanaṃ*		
(fazedores-de-flechas	endireitam	haste)		
– –	∪ ∪ –∪	– ∪ –		(14 *mattās*)
dāruṃ	*namayanti*	*tacchakā*		
(madeira	endireitam	carpinteiros)		
– – –	∪ ∪–∪		– ∪–	(16 *mattās*)
attānaṃ	*damayanti*		*paṇḍitā*	
(si mesmos	domam		sábios)	

II.a.2 — O *opacchandasaka*:

É outro metro "musical". É similar em tudo ao *vetālīya*, exceto que tem dois *māttas* extras em cada linha, resultante de uma cadência mais longa _ ᴗ _ ᴗ _ ᴗ̲. A estrofe 184, por exemplo, poderá ser escandida da mesma maneira como foi feito na estrofe 80 acima.

Nem todos os versos do *Dhammapada* se enquadram e obedecem aos princípios de metrificação. Na nossa análise e escrutinação dos versos descobrimos diversas irregularidades. Em alguns casos elas são explicáveis, em outras, não. Não está afastada, de todo, a possibilidade de que se trate de formas métricas pouco usuais e por nós desconhecidas.

Nas línguas indo-arianas, como também nas línguas mais recentes da Europa Ocidental, a rima tornou-se uma feição regular do verso. Tanto em páli quanto em sânscrito, e à semelhança do grego e do latim, normalmente não se usou rima. Não obstante, assonâncias, aliterações e efeitos similares são extremamente comuns e freqüentemente contribuem para o fascínio do som no verso; e as rimas terminais (ou rimas aproximadas), embora menos comuns, são ocasionalmente empregadas com vantagem, fugindo, entretanto, a todos os padrões fixados pelas leis ocidentais de rima.

Para se ter uma idéia das qualidades "musicais" e dos outros efeitos, sugerimos que o leitor tente recitar a estrofe 80 acima escandida. Os *pādas* compostos de três palavras cada (a sílaba extra no primeiro *pāda* não atrapalha) criam como que um ritmo sincopado e repetitivo, onde a rima interna formada pelas palavras *nayanti-namayanti-damayanti* produz um efeito encantatório, que é fortalecido pelo fato de ditas palavras se originarem da mesma raiz. A sincopia é criada pelas vogais longas *ā* que fazem parte das rimas terminais assonantes. Há, ainda, as aliterações fortes das letras *t*, *ṃ* e *n*. Quem já ouviu alguma música vocal clássica indiana num dos ritmos *tāla*, especialmente os hinos védicos, não deixará de notar a grande semelhança de ritmo. E quem for suficientemente curioso poderá descobrir outros ritmos e efeitos, pois o *Dhammapada*, sendo em parte uma compilação extraída de outros livros, é rica nisso; sugerimos, portanto, as estrofes 1-4, 15, 21, 40 e 60.

NOTAS:

1. A. K. Warder: *Pali Metre*, Pali Text Society, Luzac & Co., London, 1967; *Introduction to Pali*, The Pali Text Society, Oxford, 1991.

2. "Nesse contexto, merece ser notado que a tendência para oposições precisas de sílabas curtas e longas parece desenvolver-se especialmente quando um dado número de pessoas recitam ou cantam em uníssono. O Dr. Allen obteve uma notável gravação de cântico védico em uníssono no qual esta precisa oposição de quantidades é mantida, dando um impressionante efeito de quase *tāla*. Na tradição védica parece ter sido altamente incomum os brâmanes cantarem desta maneira, somente sendo requerida recitação de solo na execução do ritual. Nas tradições não-védicas tais como Budismo, Ājīviquismo e Jainismo, de outro lado, a recitação de textos canônicos por grandes aglomerações, em uníssono, é uma feição essencial da vida das comunidades. Esta prática pode muito bem ter sido uma causa contribuinte ou "catalisadora" no desenvolvimento dos novos metros, no período de emergência destas comunidades." (A. K. Warder, *Pali Metre*, Pali Text Society, Luzac & Co., London, 1967, pág. 87)

Fontes de consulta adicionais:

E. Vernon Arnold, *Vedic Metre*, Motilal Banarsidass, Délhi, 1967;

M. Coulson, *Sanskrit*, *Teach Yourself Books*, NTC Publishing Group, Chicago, 1992; A. K. Warder, *Indian Kāvya Literature*, Vol.2, Motilal Banarsidass, Délhi, 1974.

APÊNDICE III

ORIGEM E PARALELOS DAS ESTROFES DO *DHAMMAPADA*

1. Origem das Estrofes do *Dhammapada* Localizáveis no Cânone.[1]

	Estrofes Completas[2]	Estrofes Parciais
Vinaya Piṭaka	9	1
Dīgha Nikāya	3	
Majjhima Nikāya	7	2
Saṃyutta Nikāya	24	9
Aṅguttara Nikāya	9	4
Udāna	4	4
Itivuttaka	4	5
Sutta Nipāta	28	5
Theragāthā	22	12
Therīgāthā	–	2
Total	110	44

2. Paralelos às Estrofes do *Dhammapada*[3]

	Estrofes Completas[2]	Estrofes Parciais
a) Livros Canônicos		
Vimānavatthu	3	
Petavatthu	–	
Mahāniddesa	8	
Cūlaniddesa	5	
Kathāvatthu	2	
Total	18	
b) Livros Não-Canônicos		
Jātaka Aṭṭhakathā	26	
Nettippakaraṇa	15	
Peṭakopadesa	9	
Milindapañha	5	
Livros de Comentários	1	
Visuddhimagga	4	
Total	60	

3. Outros Dharmapadas

	Estrofes Completas	Estrofes Parciais
Dhp Gāndhārī	169 [177][4]	
Dhp Sânscrito (Patna)	285[5]	
Udānavarga	304[6]	

1. Fonte: Nissim Cohen – *A Note on the Origin of the Pāli Dhammapada Verses*, em Buddhist Studies Review, Vol. 6, nº 2, London, 1989.
2. Algumas destas estrofes vêm repetidas, no mesmo livro, mais de uma vez.
3. Conforme indicado no estudo acima na Nota 1, estes paralelos foram incluídos nos livros citados, tomados do Dhammapada, já que sua composição é posterior ao Dhammapada.
4. Fonte: *The Gāndhārī Dharmapada*, ed. por J. Brough, London, 1962. As figuras entre colchetes incluem fragmentos de versos que, com toda a probabilidade, eram paralelos exatos ao Dhp Páli, quando na sua forma original.
5. Baseado em G. Roth "Text of the Patna Dharmapada", em *The Language of the Earliest Buddhist Tradition*, ed. por H. Bechert, Göttingen, 1980; e *The Buddhist Hybrid Sanskrit Dharmapada*, ed. por N. S. Shukla, Patna, 1979.
6. Fonte: Dharmatrāta – *Udānavarga* (tr. de W. W. Rockhill), reimpressão em Taipei, 1972.

ÍNDICE DE TÓPICOS
E
ÍNDICE PÁLI

ÍNDICE DE TÓPICOS

(Os números referem-se às estrofes)

Absorção meditativa, veja Meditação
Ação, 119, 120, 123, 127, 136, 173, 240, 287; v. tb. Ato
Afazeres, 217
Agregados, 374
Amigos, veja Companheiros
Amor, 215, 310
Anelo, 154, 180, 216, 251, 337, 338, 342, 343, 349, 351, 352, 416; v. tb. Sede
Apego, 40, 89, 171, 352, 406, 411, 414; v. tb. Laço, Liames, Servidão
Arahat, 98, 164, 420
Ária, 22, 79, 164, 191, 206-208, 236, 270
Asceta, 74, 142, 184, 255, 264, 265, 311, 313, 332, 388
Atenção Plena, veja Mentação Plena
Ato, 15, 16, 66-68, 136, 312, 314; v. tb. Ação
Aturamento, 184
Autocontrole, 7, 9, 10, 24, 25, 104, 107, 142, 160, 225, 231, 233, 234, 261, 305, 322, 360-363, 375, 379, 380, 391, 400
Autodomínio, veja Autocontrole
Avareza, 223
Aversão, veja Ódio

Bem, 18, 39, 53, 97, 118, 122, 166, 183, 220, 223, 267, 412
Bem-aventurado, 285, 419; v. tb. Buda
Benfeitor, 120
Bikshu, 31, 32, 73, 75, 142, 243, 266, 267, 272, 283, 343, 361-371, 376, 378, 379, 381, 382

Bondade-afetuosa, 368
Brahmā, 105, 230
Brâmane, 142, 294, 295, 332, 383-389, 390-393, 395-423
Buda, 59, 75, 179, 180, 182-185, 187, 190, 194, 195, 255, 296, 387, 392, 398, 419, 422

Calma, 96, 142, 378
Caminho, 57, 75, 123, 191, 254, 255, 273-275, 277-281, 285, 289, 403
Caminho Óctuplo, 191, 273
Cancros, 89, 93, 94, 126, 226, 253, 272, 292, 293, 386, 420
Caridade, 177
Carma, 15, 16, 66-68, 71, 119, 120, 123, 127, 136, 173, 217, 220, 239, 240, 281, 306, 307, 312, 314; v. tb. Resultado
Ciclo de renascimento, veja Samsara
Cólera, 133, 221-224, 231-233, 249, 253, 389, 400
Companheiros, 219, 331
Comunidade (de *bikshus*), veja Ordem
Concentração, veja Meditação
Concupiscência, veja Luxúria
Confiança, veja Fé
Conhecimento, 144, 423
Constituintes de Iluminação, 89
Contemplação, 293, 296-298
Contenção, veja Autocontrole
Continência, veja Autocontrole
Coração, 33, 34, 38-40, 42, 43, 47, 88, 116, 183, 327, 371; v. tb. Mente, Pensamento
Corpo, 40, 46, 140, 148, 151, 221, 225, 231, 259, 281, 293, 299, 351, 352, 361, 369, 391, 400

Darma, 1, 2, 20, 24, 38, 46, 60, 64, 65, 70, 79, 82, 86, 87,109, 115, 144, 151, 164, 167-169, 176, 182, 190, 194, 205, 217, 242, 257, 259, 261, 266, 273, 279, 297, 307, 353, 354, 363, 364, 373, 384, 392, 393; v. tb. Ensinamento
Delusão, 20, 251, 358, 414; v. tb. Ignorância
Desapego, 352, 396, 406, 421
Desejo, 74, 97, 187, 251, 264, 283, 339, 371, 410, 414, 422; v. tb. Prazeres sensuais, Anelo
Deva, 30, 44, 45, 56, 94,105, 177, 181, 200, 224, 230, 366, 420
Devir, veja Vir-a-ser
Devoção, veja Fé
Diligência, 21, 22, 24-32, 172, 327; v. tb. Vigilância
Discípulo, 75, 195, 296-301
Dúvida, 411, 414

Ego, veja Eu
Elos, veja Laço, Liames, Servidão
Ensinamento, 20, 82, 164, 259, 265, 368, 381, 382; v. tb. Darma
Estado de Beatitude, 18, 126, 168, 169, 319
Estado de Infortúnio, 17, 31, 126, 140, 306, 307, 309, 311, 315-318, 423
Eu, 62, 80, 104, 157-163, 323, 355, 379, 380
Existência, 334, 351; v. tb. Vir-a-ser

Faculdades, veja Sentidos
Falsidade, 176, 246
Fé, 8, 38, 144, 194, 302-305, 333, 364
Feito, 71, 96, 306, 307
Felicidade, 2, 27, 35, 36, 79, 83, 109, 131, 132, 168, 169, 193, 197-204, 206, 290, 291, 331, 333, 341, 368, 374, 379, 381

Fogo, 31, 71, 136, 140, 202, 251, 308
Fogo (sacrifical),107, 392
Formações, 203, 255, 277, 278, 368, 381, 383
Frutos, veja Resultado

Gotama, 296-301; v. tb. Buda
Grilhões, 31, 221, 342, 397

Humanidade (seres), 84, 104, 254, 342, 343, 356-359

Ignorância, 111, 243, 268, 358; v. tb. Delusão
Iluminação, veja Nirvana
Iluminado, veja Buda
Impermanência, 277
Impessoalidade, veja *anattā*
Impureza, 9, 10, 236, 238-244, 351
Inclinação, 410; v. tb. Desejo
Incondicionado, 92, 93
Incriado, 383
Indolência, 7, 241, 366,
Ingrato, 97
Iniqüidade, 248; v. tb. Mal
Inofensividade, 225, 261, 270; v. tb. Violência
Insalutar, 281
Insatisfatoriedade, veja Sofrimento
Insubstancialidade, 279
Inteligente (pândita), 22, 25, 26, 28, 33, 36, 63-65, 76, 79-83, 87, 122, 157, 158, 186, 208, 236, 238, 256, 263, 268, 289, 328, 329, 403; v. tb. Sábio

Justo, 84, 126, 256, 257; v. tb. Virtuoso

Laço, 89, 90, 342, 345, 346, 349, 350, 370; v. tb. Liames, Servidão
Liames, 97, 126, 211, 276, 384, 397; v. tb. Laço, Servidão
Luxúria, 20, 39, 88, 343, 347, 349, 356, 369, 377, 407; v. tb. Paixão

Mal, 17, 39,69, 71, 84, 97, 116, 117, 119-121, 123-125, 136, 161, 165, 173, 176, 183, 189, 211, 223, 248, 265, 257, 269, 307, 330, 333, 388, 412
Malfeitor, 119, 126
Māra, 7, 8, 34, 37, 40, 46, 57, 105, 175, 274, 276, 337, 350
Meditação, 144, 185, 209, 249, 250, 271, 282, 301, 350, 351, 365, 372, 387, 395
Medo, 188, 212-214, 216, 283, 317; v. tb. Perigo, Temor
Mentação Plena, 146, 293, 296-298; v. tb. Contemplação
Mente, 1, 2, 13, 14, 20, 35, 37, 39, 89, 116, 154, 218, 221, 233, 234, 281, 284, 300, 301, 326, 348; v. tb. Coração, Pensamento
Mente-e-corpo, veja Nome-e-forma
Mentira, veja Falsidade
Mérito, **Merecimento**, 108, 116, 196, 331
Modorra, 325; v. tb. Indolência
Monge-mendicante, veja *Bikshu*
Morte, 21, 47, 86, 114, 128-132, 135, 148, 150, 235, 287, 288, 374, 405, 411
Morte, **Rei da**, 44-46, 170, 237

Não-eu, **Não-ego**, veja Insubstancialidade
Não-morte, 21, 114, 374, 411; v. tb. Nirvana
Negligência, 19, 21, 26-29, 30-32, 172, 241, 280, 292, 309, 371
Nirvana, 23, 32, 75, 97, 126, 134, 184, 203, 204, 218, 225, 226, 283, 285, 289, 323, 369, 372, 383

Nobre, veja Ária
Nome-e-forma, 221, 367

Ocioso, 7, 280; v. tb. Preguiça
Óctuplo Caminho, veja Caminho Óctuplo
Ódio, 3-5, 20,197, 201, 202, 251, 258, 263, 291, 357, 369, 377, 407
Ofensa, 399, 408
Ordem (dos *bikshus*), 190, 194, 298, 388

Paciência, 184
Paixão, 13, 14, 90, 99, 202, 236, 238, 251, 283, 284, 339, 340, 344, 347, 369, 377, 418
Paz, 285, 368, 381, 388; v. tb. Calma
Pensamento, 3, 4, 11, 12, 36, 147, 350; v. tb. Coração, Mente
Perigo, 123; v. tb. Medo, Temor
Plena atenção/Mentação, veja Mentação Plena
Poder sobrenatural, 175
Ponto-de-vista falso, 167, 316-318
Prazeres sensuais, 7, 8, 27, 47, 48, 83, 99, 186, 187, 214, 218, 341, 346, 349, 383, 390, 401, 415
Preguiça, 325; v. tb. Ocioso
Punição, 129-132, 135, 137, 142, 310, 405, 406
Pureza, 245
Purgatório, veja Estado de Infortúnio

Raiva, veja Cólera
Recluso, 19, 20; v. tb. Asceta
Refúgio, 188-190, 192, 380

Resultado, 119, 120, 127, 314; v. tb. Carma
Reverência, 106, 107

Sabedoria, 28, 38, 40, 59, 89, 111, 152, 190, 229, 277–280, 282, 333, 340, 352, 372, 403
Sábio, 23, 28, 29, 49. 64, 76, 77, 79-84, 87, 88, 122, 157, 158, 175, 177, 181, 193, 207, 208, 225, 234, 239, 261, 268, 269, 290, 328, 329, 346, 347, 422, 423; v. tb. Inteligente
Samsara, 60, 95, 153, 302, 414
Sede, 48, 334-336, 343, 353-355; v. tb. Anelo
Segurança, 189, 192
Sentidos, 7, 8, 94, 375
Servidão, 344; v. tb. Laço, Liames
Seta, 33, 80, 145, 304, 320
Sinceridade, 9, 10
Soberbo, 292
Sofrimento, 1, 83, 117, 133, 138, 144, 153, 186, 191, 192, 195, 201-203, 207, 210, 221, 248, 275, 277-279, 291, 302, 331, 338, 342, 347, 354, 361, 371, 376, 390, 402
Solidão, 61, 87, 205, 271, 329, 330, 362, 395, 404

Tathāgata, 254, 276
Temor, 31, 32, 39, 129, 130, 215, 258, 317; v. tb. Medo, Perigo
Tolo, 26, 28, 60-64, 66, 69, 70-72, 74, 121, 125, 136, 161, 171, 177, 206, 207, 268, 286, 330, 355, 373, 394
Tristeza, 28, 90, 212-216, 335, 412

Vara, veja Punição

Vazio, 92, 93
Velhice, 135, 150, 151, 333, 341
Verdade, 190, 205, 217, 223, 224, 261, 293, 393, 408, 411
Verdades, **Nobres**, 190
Vida, 110-115, 130, 135, 148, 155, 156, 182, 237, 244-246, 366
Vigilância, 39, 157, 226; v. tb. Diligência
Violência, 300; v. tb. Inofensividade
Vir-a-ser, 413, 415, 416
Virtude, 55, 144, 151, 168, 169, 217, 229, 261, 303, 332
Virtuoso, 10, 54, 56, 57, 78, 84, 95, 110, 145, 164, 208, 217, 376, 393, 412; v. tb. Justo

ÍNDICE PÁLI
Ordem Alfabética Páli

(Os números referem-se às estrofes)

akakkasaṃ, 408
akataññū, 97, 383
akathaṃkathī, 411, 414
akaraṇaṃ, 183, 333
akutobhaye, 196
akusalaṃ, 281
akkocchi, 3, 4
akkodhaṃ, 223, 400
akkosaṃ, 399
akkharānaṃ, 352
agandhakaṃ, 51
agāraṃ, 13, 14, 140
aggi(ī), 31, 107, 136, 140, 202, 251, 308, 392
ajini, 3, 4
aṭṭhaṅgikaṃ maggaṃ, 191, 273
aṭṭhīnaṃ, 149, 150
aṇuṃ, 31, 265, 409
atanditaṃ, 305, 366, 375
atta, 62, 80, 104, 157-163, 323, 355, 379, 380
adinnaṃ, 246, 409
adhamma, 84, 248
addhagū, 302

anattā, 279
anattham̩, 72, 256
anaṅgaṇa, 236, 238
anantagocaram̩, 179, 180
anappakam̩, 144
anādānam̩, 352, 396, 406, 421
anāvilam̩, 82, 413
anāsakā, 141
anāsavam̩, 94, 126, 386
anicca, 277
anibbisam̩, 153
animitta, 92, 93
anivesana, 40
anudhammacārī, 20
anupādāya, 89, 414
anuppattam̩, 386, 403, 411
anusikkhinam̩, 226
anussutam̩, 400
anupaghāta, 185
anūpalitta, 353
anūpavāda, 185
aneja, 414, 422
antako, 48, 288
antarāyam̩, 286
apuññalābham̩, 309, 310
apekhā, 345
appamatta, 24, 27, 29

appamāda, 21, 22, 25, 26, 28, 30-32, 172, 327
appasādā, 186
appiya, 77
abhaya, 258, 317
abhiratiṃ, 88
abhivādanā, 108
abhūtavādī, 306
amataṃ, 21, 114, 374, 411
amatapadaṃ, 21
ayasā, 240
ayoga, 209, 282
ayoguḷa, 308
aratiṃ, 418
arahataṃ, 98, 164, 420
ariyaṃ, 22, 79, 164, 191, 206-208, 236, 270
ariyasaccāni, 190
ariyānaṃ, 22, 164, 207
arukāyaṃ, 147
alikavādinaṃ, 223
avajjaṃ, 318, 319
avijjā, 243, 268
asaṃvutaṃ, 7
asarīraṃ, 37
asāraṃ, 11, 12
asokaṃ, 28, 412
ahimsā, 225, 261, 270, 300

ābhassarā devā, 200
ākāsa, 92, 93, 174, 254, 255
ādāna, 89, 406
ādicca, 175, 387
ānanda, 146
āyu, 135
ārogyaparama, 204
ālaya, 280, 411
āsaya, 410
āsava, 89, 93, 94, 126, 226, 253, 272, 292, 293, 286, 420

icchā, 74, 264
iñjitaṃ, 255
iddhi, 175
indriya, 7, 8, 94, 375
issariyaṃ, 73
issukī, 262

udakaṃ, 80, 121, 122, 145, 336
udayabbayaṃ, 374
udayavyayaṃ, 113
unnaḷānaṃ, 292
upassaggaṃ, 139
uppalaṃ, 55
uppāda, 182, 184
usabhaṃ, 422
usukāra, 80, 145

ekaghaṇa, 81
ekacaraṃ, 37
ekacariyaṃ, 61
ekantaṃ, 228
ekaseyyaṃ, 305
ekāsanaṃ, 305
ekāhaṃ, 110-115
esana, 131, 132

okaṃ, 34, 91
oghatiṇṇa, 370
otthataṃ, 162
ohārinaṃ, 346

kaṇhaṃ, 87
katākataṃ, 50
kadariyaṃ, 223
kabalaṃ, 324
kammaṃ, 15, 16, 66-68, 71, 96, 127, 136, 173, 217, 239, 240, 281, 306, 307, 312
kalaṃ, 70
kaliṃ, 252
kākāsura, 244
kāma, 27, 48, 83, 88, 99, 123, 131, 186, 187, 215, 218, 346, 371, 383, 401, 415
kāyaṃ, 40, 46, 140, 225, 231, 259, 281, 293, 299, 361, 391
kāsāvaṃ, 9, 10, 307
kumudaṃ, 285
kumbhūpamaṃ, 40

kulaṃ, 193
kusala, 44, 53, 173, 183, 376
kusītaṃ, 7, 280
kodhaṃ, 221-223

khantī, 184
khandhā, 374
khandhānaṃ, 374
khīṇāsavaṃ, 89, 420
khemaṃ, 189, 192, 258

gantha, 90, 211
gandhabba, 105
gandha, 54, 56
gambhīra, 82, 403
gahakāraka, 153, 154
gāthā, 101, 102
gihī, 74
guhāsayaṃ, 37
gotamasāvaka, 296-301

candanaṃ, 54, 55
candimā, 172, 173, 208, 387
cittaṃ, 13, 14, 20, 33-40, 42, 43, 88, 89, 116, 154, 171, 183, 185, 326, 327, 371
cirappavasiṃ, 219

chandaṃ, 117, 118

jaññā, 157, 352
jaṭā, 141
jayaṃ, 201
jarā, 135, 150, 151, 333, 341
jāgara, 226
jāti, 153
jivhā, 65, 360
jīvitaṃ, 110-115, 130, 148, 182, 244, 245

jhāna, 181, 372

taṇhā, 154, 180, 187, 216, 251, 334-338, 349, 351-355, 416
tathāgata, 254, 276
titikkhā, 184
tuṭṭhi, 331
tejanaṃ, 33, 80, 145
tejas, 387
thaṇḍilasāyikā, 141

daṇḍaṃ, 129-132, 135, 137, 142, 310, 405, 406
danta, 35, 321, 322, 400
dama, 9, 10, 25, 261, 305
dahaṃ, 31
dahantaṃ, 71
daḷhaṃ, 61, 112, 313, 345, 346, 349
dānaṃ, 177
dīpaṃ, 25, 236, 238

dukkhaṃ, 1, 83, 117, 133, 144, 153, 186, 191, 192, 201-203, 207, 210, 221, 248, 275, 277-279, 291, 302, 331, 338, 342, 347, 354, 361, 371, 376, 390, 402
dukhā, 83, 186, 203, 302
duggatiṃ, 17, 240, 311, 316-318
duppañño, 111
dummedhaṃ, 66, 161, 355, 373, 394
dussīlo, 110, 308, 320
deva, 30, 44, 45, 56, 94, 105, 181, 200, 224, 230, 366, 420
devalokaṃ, 177
dosa, 20, 202, 251, 357, 369, 377, 407

dhanaṃ, 26, 64, 84, 155, 156, 204
dhammaṭṭho, 217, 256, 257
dhammapadaṃ, 44, 45
dhammaṃ, 1, 2, 5, 20, 24, 38, 46, 60, 64, 65, 70, 79, 82, 86, 87, 109, 115, 144, 151, 164, 167-169, 176, 182, 190, 194, 205, 217, 242, 257, 259, 261, 266, 273, 279, 297, 307, 353, 354, 363, 364, 373, 384, 392, 393
dhīraṃ, 23, 28, 122, 175, 177, 181, 193, 207, 208, 234, 261, 290, 328, 329, 346, 347

nakkhattapathaṃ, 208
nagarūpamaṃ, 40
naraṃ, 47, 48, 125, 262, 284, 287, 309, 310, 341
nāthaṃ, 160, 380
nāmarūpa, 221, 367
nindaṃ, 143, 309
nibbānaṃ, 23, 32, 75, 134, 184, 203, 204, 226, 283, 285, 289, 369, 372

niyata, 142
nirayaṃ, 126, 140, 306, 307, 309, 315
nirāsayaṃ, 410
nirupādhiṃ, 418
nekkhaṃ, 181, 230, 267, 272

pakopa, 231-233
pajā, 85, 104, 254, 342, 343, 356-359
paññā, 28, 38, 40, 59, 111, 152, 229, 277-280, 333, 340, 352, 372
paṇḍitaṃ, 22, 28, 63-65, 76, 79-83, 87, 88, 157, 158, 186, 236, 238, 256, 268, 289
padumaṃ, 58
papañca, 195, 254
pabbajita, 74, 388
pamatta, 19, 29, 292, 309, 334, 371
pamāda, 21, 26-28, 30-32, 241, 371
paribbāja, 313
parūpaghātī, 184
pāṇa, 245
pātimokkha, 185, 375
pāpadhamma, 248, 307
pāpaṃ, 17, 69, 71, 116, 117, 119-121, 123, 125, 136, 161, 165, 173, 183, 211, 248, 265, 267, 269, 307, 330, 333, 388, 412
puggalaṃ, 344
puññaṃ, 18, 39, 108, 116, 118, 122, 196, 220, 267, 331, 412
pupphaṃ, 47-49, 51, 52, 377
purisa, 78, 117, 152, 193, 248
pūja, 73, 106, 107

pokkhara, 336

phalaṃ, 66, 312

baddha, 324
bandhanaṃ, 276, 344-346, 349, 350
bāla, 26, 28, 60-64, 66, 69-72, 74, 121, 125, 136, 171, 177, 206, 207, 286, 330
buddhagatā, 296
buddhaṃ, 59, 75, 179, 180, 182-185, 187, 190, 194, 195, 255, 296, 387, 392, 398, 419, 422
buddhasāsana, 368, 381, 382
brahmacariyaṃ, 142, 155, 156, 267, 312
brahmunā, 105, 230
brāhmaṇaṃ, 142, 294, 295, 332, 383-393, 395-423

bhagga, 154
bhaṇaṃ, 264
bhantaṃ, 222
bhadraṃ, 119, 120, 380
bhamara, 49
bhayaṃ, 31, 32, 39, 123, 188, 212-216, 283, 317
bhava, 413, 415, 416
bhavasallāni, 351
bhāvanā, 301
bhikkhu, 31, 32, 73, 75, 142, 243, 266, 267, 272, 283, 343, 361-371, 376, 378, 379, 381, 382
makkataka, 347

maggaṃ, 57, 123, 191, 274, 275, 277-281, 285, 289, 403
maghavā, 30
maccu, 21, 46, 47, 86, 128, 129, 135, 150, 170, 287
mana, 1, 2, 47, 116, 218, 233, 234, 281, 284, 300, 301, 348
maraṇaṃ, 148
marīcikaṃ, 46, 170
mala, 236, 238-243
māṃsaṃ, 150, 152
mātaṅga, 329, 330
māra, 7, 8, 34, 37, 40, 46, 57, 105, 175, 274, 276, 337, 350
micchādiṭṭhi, 167, 316-318
munī, 49, 269, 423
musāvādaṃ, 176, 246
medhagā, 6
medhāviṃ, 25, 26, 33, 36, 76, 229, 239, 263, 403
mohaṃ, 20, 251, 358, 414

yama, 237
yamapurisa, 235
yamalokaṃ, 44, 45
yogakhemaṃ, 23
yoga, 209, 282, 417
yojanaṃ, 60
rajata, 239
rajaṃ, 125, 141, 313
raṭṭhaṃ, 84, 294, 329
rathaṃ, 222

rasaṃ, 49, 205, 354
rāga, 13, 14, 20, 99, 202, 251, 339, 347, 369, 377, 407
rāgadosa, 356
rukkhaṃ, 7, 283, 338
rūpaṃ, 148
roga, 203

lābhūpanisā, 75
lobha, 248, 264

vaṇṇa, 51, 52, 109, 241-262
vaṇṇagandhaṃ, 49
vanaṃ, 107, 188, 283, 284, 384
vassikā, 377
vassikī, 55
vānara, 334
vitakka, 350
vipakaṃ, 67, 68
vivekaṃ, 75, 87
visaṃ, 123, 396, 402
vissāsaṃ, 204, 272
vīraṃ, 418, 422
veraṃ, 3-5, 197, 201, 258, 291
vyāsattamanasaṃ, 47, 48

saggaṃ, 126
saṅkappa, 11, 12, 74, 147, 339

saṅkhāra, 203, 255, 277, 278, 368, 381, 383
saṅghaṃ, 190, 194, 298
saṅga, 171, 342, 370, 397
saccaṃ, 9, 190, 217, 223, 224, 261, 293, 393, 408
sañña *(-ta, -ma)*, 24, 25, 104, 253, 261, 362, 363, 380
sati, 293, 296-298
saddhammaṃ, 8, 38, 60, 182, 194, 364
saddhā, 8, 38, 144, 303, 333
santaṃ, 96, 142, 368, 381
santuṭṭha, 204, 375
santusita, 362
samacariya, 388
samaṇa, 142, 184, 255, 264, 265, 388
samādhi, 144, 249, 250, 271, 365
samussaya, 351
sambodhi, 89
saraṇaṃ, 188, 189, 192
sarīraṃ, 151, 352, 400
saṃyojana, 31, 221, 342, 397
saṃyoga, 384
saṃvara, 360, 361, 375
saṃvuta, 225, 231, 233, 234, 361, 391
saṃsāra, 60, 95, 153, 414
sātaṃ, 341
sādhuṃ, 223
samaññaṃ, 311, 332
sāra, 11, 12

sāvaka, 75, 195, 296-301
sāvambha, 133
sīla, 10, 55, 57, 84, 110, 144, 208, 303, 333, 400
sukhaṃ, 2, 27, 79, 83, 109, 131, 132, 168, 169, 193, 197-204, 206, 290, 291, 331, 333, 341, 368, 379, 381
sukhāvahaṃ, 35, 36
sugataṃ, 285, 419
sugati, suggati, 18, 126, 319
suññata, 92, 93
sudanta, 160
suddhaṃ, 412
subbata, 95, 145
subha, 7, 8, 349
sumedhaṃ, 208
soka, 28, 90, 212-216, 335, 412
sotaṃ, 347, 383
sotthiya, 295

haṃsa, 91, 175
himavanta, 304
hīnaviriya, 7
hurāhuraṃ, 334

Se você tiver dificuldade de encontrar nossos livros, entre em contato diretamente com Editora Palas Athena pelo telefone (11) 3209.6288, pelo fax (11) 3277.8137, escrevendo para Rua Serra de Paracaina nº 240 – 01522-020 – São Paulo, SP Brasil ou pela Internet: www.palasathena.org e e.mail: editora@palasathena.org

Prezado leitor da obra: *Dhammapada – A senda da virtude,*

Para que possamos mantê-lo informado sobre as novidades editoriais e as atividades culturais da Associação Palas Athena, solicitamos o preenchimento dos campos abaixo, remetendo o cupom para a Editora Palas Athena, Rua Serra de Paracaina nº 240 - São Paulo, SP - CEP 01522-020 ou através do FAX (11) 3277-8137.

Nome: ....

Profissão: ....

Endereço: ....

Cidade: .... Estado: .... CEP: ....

Fone: (   ) .... Fax: (   ) ....

E-Mail: ....

Áreas de interesse:

- ❑ Mitologia
- ❑ Filosofia
- ❑ Religiões
- ❑ Antropologia
- ❑ Educação
- ❑ Psicologia
- ❑ Outras áreas: ....

Impresso na
Gráfica Palas Athena.